Ventas al por Menor

para Redes de Mercadeo

Cómo Conseguir Nuevos Clientes para Tu Negocio en MLM

KEITH Y TOM "BIG AL" SCHREITER

TABLA DE CONTENIDOS

Consigue clientes nuevos ahora........................v

Mentalidad #1: Cómo funciona realmente nuestro negocio de
redes de mercadeo................................1

Mentalidad #2: Cómo eliminar instantáneamente nuestro temor a
las ventas......................................5

Mentalidad #3: Muchas personas ya quieren lo que vendemos.....7

Mentalidad #4: ¿Tímido? Bienvenido al club.................9

Encontrando personas que quieren comprar...............17

¿Miedo de pedir una cita?...........................19

El código secreto del "¡No!".........................23

Usar primero una "pequeña pregunta."..................29

¿Qué podemos decir a continuación?...................39

Tratando humanos... como humanos....................45

Frases pegajosas..................................51

Sé específico.....................................63

Usa la gran palabra "Si" para capturar la atención............67

Palabras que matan................................73

Las personas realmente no quieren comprar cosas..........85

Mantenlo simple..................................91

Aquí está la historia corta...........................95

Usa preguntas abiertas............................101

Tienes que amar las galletas de las Niñas Exploradoras........103

Practica palabras descriptivas... antes de hablar...........111

El poder de la prueba social........................121

Antes de pagar anuncios...........................129

¿Dónde puedo encontrar más clientes con quien hablar?......133

¿Tienes experiencia personal con el producto?............147

Crea interés con una trivia..........................153

¿Recuerdas esto?................................157

Ideas geniales para agregar más ventas.................161

Y finalmente....................................171

Agradecimiento..................................173

Más Libros En Español 176

Sobre Los Autores 179

CONSIGUE CLIENTES NUEVOS AHORA.

Vender al por menor significa tener ganancias instantáneas. Qué manera tan buena de comenzar nuestro negocio de redes de mercadeo.

Nuestros clientes satisfechos crean un ingreso mensual estable y recurrente. Todo lo que debemos hacer es permitirle a nuestros clientes comprar, y darles el servicio que requieren. Sin embargo, podrías estar pensando:

- Pero no soy vendedor.
- No me siento bien vendiendo cosas a mis amigos.
- ¿Qué voy a decir?
- ¿Qué tal si las personas con las que hablo me dicen "No?"
- ¡No conozco a nadie!

No hay problema. Podemos aprender.

Aprendimos cómo usar un teléfono inteligente. Aprendimos cómo ordenar comida de un menú. Así que aprender las habilidades para hacer ventas al por menor en nuestro negocio de redes de mercadeo también puede ser así de fácil.

¿Cómo podemos aprender a crear ventas al por menor?

Fácil.

Hay dos cosas que aprenderemos y que crearán ventas al por menor recurrentes.

1. Crear una mentalidad nueva para que disfrutemos vendiendo.

2. Aprender exactamente qué decir y qué hacer para crear clientes nuevos.

Aprendamos cómo cambiar nuestra mentalidad en los siguientes capítulos, y luego pasemos a las grandiosas cosas que diremos y haremos para crear clientes nuevos "a pedido."

¿Listo para comenzar?

*** Nota importante: En este libro usaremos la palabra "productos" incluso cuando estaremos describiendo productos y servicios. Así que si vendes servicios, sólo sustituye la palabra "servicios" donde sea apropiado.

Viajo por el mundo más de 240 días al año. Envíame un correo si quisieras que hiciera un taller "en vivo" en tu área.

⟶ **BigAlSeminars.com** ⟵

¡OBSEQUIO GRATIS!
¡Descarga ya tu libro gratuito!

Perfecto para nuevos distribuidores. Perfecto para distribuidores actuales que quieren aprender más.

⟶ **BigAlBooks.com/freespanish** ⟵

Otros geniales libros de Big Al están disponibles en:

⟶ **BigAlBooks.com/spanish** ⟵

MENTALIDAD #1: CÓMO FUNCIONA REALMENTE NUESTRO NEGOCIO DE REDES DE MERCADEO.

¿Tienes metas, deseos, motivación, necesidades, tableros de visión? Eso no es suficiente.

Debemos de entregar valor a cambio de nuestras comisiones.

- Nuestra compañía de redes no paga comisiones basadas en nuestro esfuerzo.

- Nuestra compañía de redes no paga comisiones basadas en nuestras necesidades.

- Nuestra compañía de redes paga comisiones basadas sólo en nuestros resultados.

Este NO es un empleo donde recibimos un cheque por las horas trabajadas. Este es nuestro propio negocio. Recibimos comisiones basadas en nuestro resultados. Nuestra compañía de redes de mercadeo nos paga sobre el valor que les llevamos a través de nuestro clientes.

Así que se trata de resultados.

Aquí está la imagen completa.

Una compañía de redes de mercadeo puede estar en el negocio de la nutrición, en el de cuidado del cutis, en el de los servicios básicos, en el de los productos naturales, en el de viajes, etc.

No somos parte de la compañía. No trabajamos en servicio al cliente. No enviamos por correo los recibos y las facturas. No estamos con los duendes que cosechan hierbas secretas debajo de las rocas en China para mezclarlas en una fórmula especial. Ni ponemos la crema dentro de los frascos, y ni si quiera aplicamos las etiquetas.

Nuestra compañía de redes de mercadeo hace todo esto por nosotros. Ellos proveen el sitio web, folletos, y pueden atender a los clientes sin nosotros. Además, no queremos ser parte de nuestra compañía, ¡por que eso sería otro trabajo!

Nuestra compañía puede hacer todo excepto... hacer que las personas tomen una decisión de "Sí" comprar.

Así que, nuestra compañía de redes de mercadeo se asocia con nosotros y dice: –Nosotros haremos todo, sitios web, servicio al cliente, manufactura, cobranza... todo. Esta es nuestra parte del trato. Tu parte del trato como distribuidor es hacer que las personas tomen la decisión de 'Sí' convertirse en clientes.

Las noticias.

Así que aquí está. Como distribuidores de redes de mercadeo, nuestro negocio es hacer que las personas tomen la decisión de "Sí" convertirse en clientes.

Estamos en el negocio de tomar decisiones. No estamos en el negocio de cuidado del cutis, de bienestar, de los servicios básicos o de los viajes.

Una vez que comprendemos que hemos ingresado al negocio de tomar decisiones, comprendemos que sólo nos pagarán por las decisiones de "Sí."

¿Estás escéptico de este punto de vista que estamos en el negocio de decidir "Sí?" Hagámonos estas preguntas:

- ¿Hay comisiones para nosotros por las personas que casi compraron nuestro producto?

- ¿Hay comisiones para nosotros cuando entregamos muestras gratis?

- ¿Hay comisiones para nosotros por educar a las personas sobre nuestro producto?

- ¿Hay comisiones para nosotros cuando las personas miran nuestra presentación y no compran?

- ¿Hay comisiones para nosotros cuando las personas no responden nuestras llamadas telefónicas?

- ¿Hay comisiones para nosotros cuando trabajamos horas sin fin y no obtenemos decisiones de "Sí?"

- ¿Hay comisiones para nosotros cuando le arrojamos crema humectante a la nuca de alguien mientras huye?

- ¿Hay comisiones para nosotros cuando invertimos en tarjetas de presentación y publicidad, y conducimos kilómetros sin fin para las citas que no aparecen?

- ¿Hay comisiones para nosotros cuando hacemos una lista de 200 personas a las que nos aterra llamar?
- ¿Hay comisiones para nosotros por que "las necesitamos?"
- ¿Hay comisiones para nosotros cuando colgamos fotos en nuestro tablero de visión?
- ¿Hay comisiones para nosotros cuando no nos aproximamos a clientes potenciales?
- ¿Hay comisiones para nosotros por todas las personas a las que no les hablamos?

Esta es la realidad.

Lo único por lo que nuestra compañía de redes de mercadeo nos paga es lo único que quieren que hagamos... y eso es, conseguir decisiones de "Sí."

Estoy seguro que todos vendemos productos maravillosos. Pero sin importar que tan maravillosos sean nuestros productos, si los clientes no los compran, no nos pagan.

Si queremos que nuestros maravillosos productos ayuden a las personas, debemos de hacer que las personas compren nuestros maravillosos productos.

Comienza nuestra nueva carrera ahora.

Pasemos a la Mentalidad #2, para remover cualquier duda que tengamos sobre vender. No queremos que nos detengan nuestros pensamientos negativos sobre vender.

Mentalidad #2: Cómo eliminar instantáneamente nuestro temor a las ventas.

¿Vender nos hace sentir extraños? ¿Nuestros amigos odian cuando les decimos que estamos tratando de hacer dinero con ellos? ¿Nos sentimos avergonzados cuando las personas se muestran escépticas de nuestras afirmaciones? ¿Sentimos que estamos imponiendo nuestras soluciones a personas que no quieren comprar?

Sí, puede ponerse peor que esto, pero solucionemos el problema.

Al simplemente cambiar cómo pensamos, podemos instantáneamente eliminar nuestro miedo sobre vender y toda la retroalimentación negativa que la acompaña.

Deja de ver las ventas como un encuentro de ganar-perder, una batalla de vida o muerte, o una competencia de "el que gana se queda con todo."

En vez de eso, veamos diferente a nuestro negocio. Digamos:

"Mi trabajo es ofrecer una opción más para las vidas de las personas."

Es todo. No sabemos lo que está ocurriendo en sus vidas. No sabemos si hoy es un buen día o si estuvo repleto de drama. Depende de las personas que contactamos, decidir si nuestra opción de producto podría ayudarlos ahora, en el futuro, o nunca.

Ahora no tenemos que vender. No tenemos que convencer. Y no tenemos que hacer sentir incómodas a las personas.

Con este nuevo punto de vista sobre nuestro papel en agregar una opción más dentro de la vida de nuestro cliente potencial, no sufriremos rechazos ni malos sentimientos. Ahora podemos compartir nuestros productos y servicios sin estrés y sin motivos ocultos. Tener motivos ocultos asusta a las personas y crea un muro de resistencia.

Esta nueva forma de pensar alivia la presión de nuestros contactos también.

No hay nada que ellos puedan rechazar. No estaremos diciéndoles qué hacer, ni tratando de tomar decisiones por ellos. Estaremos agregando valor en sus vidas. ¿Cómo? Al darles una opción más que pueden tomar ahora, en el futuro, o nunca.

Así que la próxima vez que hablemos con alguien sobre nuestros productos, y sintamos un poco de alejamiento o resistencia, podemos decir esto: –Tienes muchas opciones en tu vida. Déjame agregar una opción más. Así tendrás una opción adicional cuando llegue el momento de resolver tu problema.

Ahora, eso es educado.

MENTALIDAD #3: MUCHAS PERSONAS YA QUIEREN LO QUE VENDEMOS.

Qué tal si damos un paso atrás y pensamos: "Casi todos quieren los beneficios de nuestros productos. Todo lo que debemos hacer es **dejar** de hablar cuando los prospectos quieren nuestros productos."

Interesante, ¿no es así?

Piensa en ello. Las personas ya desean lo que ofrecemos.

Digamos que ofrecemos productos para la salud. Bien, ¿las personas quieren vivir más felices, con más energía? ¿O se quieren sentir miserables todo el tiempo? Sí, ya quieren lo que ofrecemos.

Tal vez ofrecemos piel que luzca más joven. Bien, ¿las personas quieren lucir más jóvenes y radiantes? ¿O quieren lucir avejentadas y arrugadas?

O tal vez ofrecemos viajes con descuento. Bueno, ¿las personas quieren viajar con tarifas de descuento grupal y ahorrar dinero? ¿O quieren seguir pagando precios altos y tener menos dinero para las compras cuando llegan a sus destinos?

¿Ofrecemos servicios básicos menos costosos? Bien, ¿las personas quieren ahorrar dinero en sus facturas de servicios y usar ese dinero para mas lujos en sus vidas? ¿O quieren pagar más que sus vecinos por los mismos servicios?

Es verdad. Nuestros clientes potenciales ya están interesados. Nuestro trabajo no es convencerlos; nuestro trabajo es evitar hablar mientras ellos quieren comprar nuestros productos.

En lugar de convertirnos en vendedores, debemos de ser anti-ventas.

Ahora, ese es un pensamiento refrescante. Sin estrés. Sin convencer. Sólo una conversación honesta con personas que quieren lo que tenemos que ofrecer.

MENTALIDAD #4: ¿TÍMIDO? BIENVENIDO AL CLUB.

¿Temeroso de hablar con extraños? ¿Aterrado de lo que puedan decir?

Esto es normal debido a que tenemos... sentimientos. Todo mundo odia el rechazo y los juicios de las demás personas.

Nuestro miedo interno de hablar con personas crece cuando tenemos motivos ocultos o algo para vender. Para reducir nuestro miedo interno, usaremos lo que hemos aprendido hasta el momento.

1. Consideramos que vender es agregar una opción más a la vida de las personas.

2. Nuestras conversaciones con potenciales clientes no son una batalla "ganar-perder." Nosotros simplemente transferimos el mensaje dentro de nuestra mente, a la de ellos.

3. Muchas personas ya quieren lo que ofrecemos.

¿Te sientes mejor?

¿Qué ocurre cuando hablamos con personas cuando no estamos en busca de clientes? La conversación es fácil. ¿Por qué?

Por que no tenemos motivos ocultos y no estamos tratando de vender. Este tipo de conversación es fácil. Estamos relajados. Estamos dando. Estamos ayudando. Estamos interesados en las personas y se siente normal.

Lo opuesto ocurre cuando tenemos motivos ocultos y tratamos de convencer a las personas para que compren nuestros productos. Nos sentimos temerosos por dentro. ¿Por qué?

Por que no tenemos su mejor interés en nuestro corazón. Estamos pensando más sobre nuestros motivos ocultos que en ayudarles.

Aquí hay un consejo: Cuando visitamos a alguien que podría convertirse en cliente, construimos confianza y afinidad al hacer preguntas. Los introvertidos son geniales en esto.

La ventaja del introvertido.

Aquí está una razón por la que no conseguimos clientes nuevos fácilmente.

Margaret Miller dijo: "La mayoría de las conversaciones son simplemente monólogos ejecutados en presencia de un testigo."

Auch.

Pero es cierto. La mayoría de las personas ya sea que estén hablando, o esperando su oportunidad de decir lo que tienen en la mente. No están escuchando. Están tratando de pensar en qué decir... Cuando nos callemos y les demos oportunidad de hablar de nuevo.

Así que piensa en ello. Cuando estamos hablando, nadie está escuchando.

¿Cuál es el punto de hablar si nadie nos está escuchando?

¿Quién es más agradable para las personas? ¿Alguien que habla o alguien que escucha?

¡Los introvertidos son geniales! Rara vez interrumpen las conversaciones. Escuchan silenciosos mientras las personas hablan y hablan y hablan...

A las personas les encantan los introvertidos. Finalmente, ¡alguien que los escucha!

El propósito de los negocios es resolver problemas. ¿Y cómo vamos a saber cual es el problema de nuestros clientes si no los escuchamos?

La mayoría de las personas nos comprará si sienten que comprendemos sus problemas. Las personas que escuchan tienen una ventaja. ¿Quienes hablan y presentan datos sin cesar, ventajas y beneficios? Pueden perder la imagen completa. No pueden saber o comprender los problemas que tiene su posible cliente, ¡por que estuvieron hablando todo el tiempo!

4 maneras de convertirnos en mejores escuchas ahora mismo.

1. Cuando seamos interrumpidos, debemos dejar de hablar. De nada sirve hablar si nadie está escuchando.

2. Si nuestro interlocutor luce como que quiere hablar, debemos dejar de hablar. No pueden estar escuchando si están tratando de organizar lo que quieren decir a continuación.

3. Deja de hablar A clientes potenciales, habla CON clientes potenciales. Deberíamos estar teniendo conversaciones sobre sus problemas. No queremos ser una conferencia de un sólo sentido acerca de los grandes beneficios de nuestros productos.

4. Haz lo que hacen los introvertidos. Haz muchas preguntas para que las personas puedan hablar. Esto nos da la oportunidad de comprender sus problemas.

Pero los introvertidos tienen una desventaja grande.

No tienen suficientes personas con quien hablar. Solucionemos eso ahora.

¿Cómo? Conoce gente nueva en persona... ¡sin motivos ocultos! Sólo muestra interés en ellos. Podemos construir un grupo enorme de amigos y conocidos. Luego, cuando sea apropiado, podemos mencionar sobre nuestros productos.

Estas personas serán amigos reales, no "condicionados." No estamos haciendo nuevas amistades sólo por la oportunidad de venderles algo. Estamos haciendo nuevos amigos simplemente para tener nuevos amigos.

¿Algunos nuevos amigos nos preguntarán sobre nuestros productos, o nos darán permiso de hablar sobre ellos? Seguro. Pero eso no es un requisito para que sean amigos nuestros. Nadie quiere ser un amigo "condicional" que se quede en el olvido por que no calificó como cliente. Esa es una mala y egoísta meta de nuestra parte.

Conociendo nuevas personas.

Las personas nuevas están en todas partes, ¿pero qué tipo de personas deberíamos de estar buscando? ¿Personas que quieren salir adelante en sus vidas? ¿O personas que están contentas, sin motivación por cambiar?

Encontraremos que las personas que quieren salir adelante en sus vidas son más divertidos, con mentes más abiertas, y hacen amigos geniales.

Aquí hay algunas sugerencias de dónde y cómo conocer personas nuevas, inclusive si somos tímidos.

1. Únete a Toastmasters. Es un lugar genial para conocer personas motivadas. Como bono, las habilidades de hablar en público que aprenderemos nos ayudarán a superar nuestro miedo de hablar con las personas.

2. Asiste a eventos gratuitos de redes en tu área. Reunirse en persona siempre es popular. Los humanos están diseñados para conectarse con otros. Todos comparten sus tarjetas de presentación, pero nosotros seremos listos. En lugar de conocer y coleccionar tarjetas de

presentación de 40 personas, construiremos nuevas relaciones con dos o tres personas en cada evento. Queremos amistades, no tarjetas.

3. Asiste a talleres y clases educativas gratuitas. Haz amistad entre los asistentes. También ellos quieren salir adelante en sus vidas.

4. Únete a un club de salud de bajo costo. Ejercítate, y ponte en forma. Conoce otras personas que quieren hacer lo mismo.

5. Únete a las carreras de 5k. Estas personas disfrutan del contacto social con personas que piensan similar.

6. Pide prestado un perro. Sácalo a pasear. Conoce y relaciónate con otros dueños de perros. Y como bono adicional, haremos ejercicio. (Los bebés son todavía mejores para despertar conversaciones con desconocidos, pero son más difíciles de conseguir prestados.)

7. Mantén una breve conversación con un amigo en redes sociales. Podríamos encontrar que tenemos mucho en común.

8. Acepta una invitación a una fiesta o evento. Comienza en pequeño al llegar y párate contra la pared. Mientras nos sentimos más confiados, podremos hablar con las demás personas tímidas que están a nuestro lado en la pared.

9. Comienza un nuevo pasatiempo. Podríamos aprender campismo, navegar en velero, o tal vez un nuevo idioma.

10. Revisa la lista con las "Actividades Divertidas de Fin de Semana" publicada en el diario local o en línea. Este tipo de actividades atraen personas.

11. Asiste a un curso nocturno gratuito o de bajo costo sobre negocios o ventas.

¿Tienes la idea?

Debemos hacernos la pregunta correcta. En lugar de preguntarnos, "¿Por qué no puedo conocer nuevas personas?" ...preguntémonos, "¿Cómo puedo conocer nuevas personas?" Todos pueden encontrar al menos una manera de conocer personas nuevas que sea cómoda.

Sólo estamos comenzando, y con un poco de tiempo, tendremos muchos amigos. Algunos serán clientes, algunos no. Algunos nos referirán con otros que quieren nuestros productos, algunos no.

¡Pero las noticias geniales son que todos serán nuestros amigos!

Así que no debemos sentirnos mal si somos tímidos y no tenemos mucha influencia con las personas... todavía.

Conoce nuevas personas. Trata de ser de ayuda. Con el tiempo, tendremos una lista gigante de personas que nos respetan.

Lo peor y lo mejor.

Lo peor que puede ocurrir es que terminemos con muchos amigos geniales.

Lo mejor que puede ocurrir es que conocer personas se convierta en algo más cómodo y natural para nosotros. Nos daremos cuenta de que la mayoría de las personas también son tímidas. Aprecian que demos el primer paso. Así que sal y relaciónate, diviértete, aprende muchas cosas nuevas, haz nuevas amistades... y mira lo que sucede en los siguientes 30 días.

Y finalmente...

Si las personas no tienen un problema, entonces no tenemos una solución. Sólo seremos vendedores irritantes que presionan con nuestros motivos ocultos.

Vender se trata de resolver problemas, no de empujar soluciones.

Esto nos hace preguntar más y escuchar con más atención. A las personas les encanta.

La única razón por la que las personas nos darán su dinero es por que tienen un problema, ¡y creen que comprendemos ese problema y podemos resolverlo!

ENCONTRANDO PERSONAS QUE QUIEREN COMPRAR.

En lugar de tratar de venderle a todos, encontremos personas que quieren nuestros productos. Es fácil tomar una orden de alguien que quiere nuestros productos. Es difícil venderle a alguien que no está interesado.

¿Quieres más ejemplos de cómo los distribuidores encuentran mejores clientes para sus productos?

- "Encuentro mis mejores clientes para mis productos de dieta en clubes de salud, no en tiendas de rosquillas. A pesar de que los prospectos del club están en forma, aún así quieren mis productos. Están preocupados por mantenerse delgados, y están dispuestos a hacer algo al respecto."

- "Encuentro mis mejores clientes para mi cuidado del cutis en la playa. Cuando veo personas poniéndose cantidades industriales de protector solar, ya sé que estas personas quieren tener cuidado con su piel."

- "Cuando alguien en la caja usa cupones para ahorrar un poco de dinero extra, ya sé que les encantará ahorrar $30 a $40 al mes en sus servicios. Se señalan a ellos mismos como personas prácticas que quieren pagar menos."

- "Le doy a todos un certificado de regalo de $5. Les digo que lo regalen a alguien que conocen. Cuando alguien me llama para canjear su certificado, yo sé que quieren mis productos."

Busca personas con problemas.

Cuando las personas digan que tienen un problema, di esto:

"¿Te gustaría hacer algo al respecto?"

Hay dos posibles respuestas.

1. "Sí."

Fácil. Ahora podemos ofrecer nuestra solución. Estas personas quieren lo que tenemos para ofrecer.

2. "No."

Las personas rara vez dicen, "No." En vez de eso, enlistan sus excusas, problemas, dudas, cambian de tema, y bien, no tenemos que lidiar con estas respuestas. Simplemente avanzamos.

Me gusta hacer la pregunta: "¿Te gustaría hacer algo al respecto?"

Hace que las presentaciones de ventas sean libres de rechazo si sólo hablamos con las personas que dicen "Sí."

¿MIEDO DE PEDIR UNA CITA?

Algunos de nuestros contactos pueden ser intimidantes. Para otros contactos, no queremos arruinar nuestras relaciones con ellos al imponernos sobre nuestra amistad. Hablamos con nosotros mismos y nos enfocamos en una potencial mala experiencia. Algunos ejemplos:

"¿Llamar a mi tía? Ella me intimida. Es abogada y siempre cuestiona lo que sea que digo cada vez que hablo."

"¿Cómo puedo hablar con mi amigo John? Ya me dijo 'No' la vez pasada. Ni escuchará mi oferta."

"Seguro, puedo hablar con mi prima. Pero pensará que sólo quiero sacarle dinero. No quiero dañar nuestra relación."

"Apenas conozco a mi vecina. ¿Cómo puedo hablar con ella sin sentirme como vendedora?"

"Creo en mi producto, pero no me siento cómodo tratando de hacer que las personas lo compren."

"Soy muy tímido. No quiero ser un vendedor pesado."

"La tensión aumenta mientras más hablo sobre mi producto. ¿Cómo puedo hacer que mi amigo se relaje para que escuche con mente abierta?"

¿Estos pensamientos suenan familiares?

Bien, ahora podemos relajarnos. No somos las únicas personas que tienen estos pensamientos. Muchos otros lo hacen.

Pensamientos como estos nos detienen de hablar con personas. Eso no es bueno. Así que reemplacemos estos pensamientos con un nuevo punto de vista.

Si nos podemos relajar y hablar con cualquiera, incluso la persona más intimidante, ¿no haría eso que vender nuestro producto fuera más fácil y lo disfrutáramos más? Aquí está una solución.

Mientras estaba en un crucero de venta directa, escuché a James MacNeil, el creador de Aikido Verbal. Relató la historia de cómo ciertos poderosos directivos de grandes empresas estaban temerosos de llamar a sus amistades para apoyar en un evento para recaudar fondos. Parece ser que inclusive las personas más poderosas pueden tener baja autoconfianza cuando se trata de solicitar apoyo. No estamos solos en nuestros miedos.

James le propuso a estos directivos que fueran honestos cuando llamaran a sus amigos. Los instruyó para que hicieran la llamada y dijeran:

"Está bien si quieres apoyar el evento para recolectar fondos… o no. Sólo que no quería que pensaras que te dejamos fuera o no eras bienvenido a participar en nuestro evento."

Esta simple técnica liberó la presión de sus amigos e hizo que las llamadas fueran agradables.

¿Qué tal una pequeña fórmula práctica que podamos usar?

La solución cómoda/incómoda.

Podemos ajustar las palabras de James y usar nuestras propias palabras. Aquí tienes una buena plantilla para comenzar.

Simplemente recuerda dos palabras: Cómodo e incómodo. Esto hace que sea fácil recordar la fórmula. Aquí hay algunos ejemplos:

- "Estoy totalmente cómodo con tu decisión de darle un vistazo a mi programa de cuidado para el cutis o no. Pero estaba incómodo al no dejarte saber que podías probar algunas muestras si te gustaría."

- "Estoy totalmente cómoda con tu decisión de probar nuestra malteada dietética de proteína para el desayuno o no. Pero estaba incómoda al no dejarte saber que perdí 7 kg sólo bebiendo esto en el desayuno."

- "Estoy totalmente cómodo con tu decisión de mantener a tu proveedor actual de electricidad o no. Pero estaba incómodo al no dejarte saber que me dará gusto revisar tu factura y ver si puedes ahorrar algo de dinero también."

- "Estoy totalmente cómodo con tu decisión de seguir tomando vacaciones en el departamento de tu suegra o no. Pero estaba incómodo al no dejarte saber que el próximo año puedes tomar unas vacaciones de cinco estrellas con tu familia por menos de lo que cuesta una habitación común en un hotel."

• "Estoy totalmente cómodo con tu decisión de usar productos naturales de limpieza para tu casa o no. Pero estaba incómodo al no dejarte saber que podemos conseguir productos de limpieza para usar en casa y cuidar el medio ambiente también."

• "Estoy totalmente cómoda con tu decisión de usar nuestro lápiz labial 'Stay-On' o no. Pero estaba incómoda al no dejarte saber que podemos tener un lápiz labial que no se corra en los vasos ni manche la ropa."

• "Estoy totalmente cómodo con tu decisión de usar nuestro filtro de agua en tu casa o no. Pero estaba incómodo al no dejarte saber que podemos ahorrar mucho dinero al no comprar agua embotellada."

¿Fácil? ¿Libre de rechazo?

Así es. Con dos simples frases, dejamos que nuestros contactos sepan que no tenemos motivos ocultos. Nuestros contactos se pueden relajar debido a que no estamos enganchados a sus decisiones.

Nos sentimos bien. Las personas con las que hablamos se sienten bien. y ahora tienen la opción de tomar ventaja de nuestros productos.

EL CÓDIGO SECRETO DEL "¡NO!"

Las personas son amables. No quieren decir "¡No!" en nuestra cara. ¿Por qué? Por que tienen que trabajar con nosotros a diario. O, tal vez viven al lado. Es socialmente inaceptable decir "No" en muchas situaciones.

Además, las personas sienten que si le dicen "¡No!" a un vendedor, éste continuará presionando las objeciones y usando técnicas de cierre. Esto es de dar miedo.

Así que nos dicen "¡No!" en "código." Esto significa que nos ayudan a evitar la vergüenza y el rechazo directo. Quieren cuidar nuestros sentimientos. Además, las frases en código significan que no se sentirán culpables por darnos las malas noticas de que no están interesados.

Aquí hay algunas maneras en que las personas pueden decirnos "¡No!"

- "Quiero pensarlo más."
- "¿Puedo responderte la semana que sigue?"
- "Dame alguna información. ¿Hay algún folleto que pueda leer?"
- "¿Hay alguna página web?"

- "No tengo tiempo ahora mismo de mirar el video."
- "Tengo que preguntarle a mi esposa primero."
- "Tengo que revisar algo en mi calendario primero."
- "¿Cuándo estarás en la zona de nuevo?"
- "Tal vez si no fuera ese color."
- "No traigo dinero."
- "No tengo tarjeta."
- "Los productos son muy costosos para mí ahora."
- "¿Tienes alguna tarjeta de presentación?"

Estas no son objeciones que debamos responder. ¿Por qué? Por que no son objeciones reales. Son sólo maneras de decir, "No, no estoy interesado." Quieren que nos alejemos o que cambiemos el tema.

¿Por qué las personas tienen tanto miedo de decirnos "No?" Por que saben que los vendedores se dan a sí mismos charlas motivacionales cada mañana que van algo así:

"Sólo sal allá afuera y consigue 100 personas que te digan 'No.' Cada 'No' me acerca más a un 'Sí.' Tengo que escuchar 'No' por lo menos siete veces antes de que me digan 'Sí' y me hagan el pedido."

Sí, es muy feo.

¿Mis pensamientos?

Deberíamos entender las indirectas.

Para algunas personas, simplemente no es "su momento" para comprar.

Sí, todos deberían de comprar nuestros productos. Pero eso sólo ocurre en un mundo perfecto. Ahora, hablemos de la realidad.

La mayoría de las personas necesitan y quieren lo que tenemos que ofrecer. Pero, la vida se entromete. Veamos algunas razones por las que no quieran comprarnos hoy.

#1. Hoy no es un buen día. Tuvieron una pelea con su esposa durante la mañana. La escuela llamó para decir que sus hijos tienen problemas de conducta. Y, está lloviendo. No todos los momentos del día son perfectos para comprar nuestros productos.

#2. No tienen suficiente dinero. La mayoría de las personas tiene un presupuesto. Pocas personas tienen un suministro interminable de efectivo extra para gastar en nuestros productos. Deben tomar decisiones sobre dónde gastar su dinero. Algunas ocasiones, no somos la primera opción.

#3. A las personas les gusta conservar su dinero. Prefieren conservar su dinero más que cambiarlo por nuestros productos. En este caso, los beneficios de nuestros productos lucen menos importantes para ellos. Es tiempo de mejorar nuestras habilidades de ventas.

#4. Algunas veces nuestros contactos quieren seguir con sus problemas. Por ejemplo, una mujer mayor podría decir: –Mis hijos me visitan más cuando pretendo estar enferma.– Si ésta es su verdadera motivación, hacer que nuestras vitaminas sean más efectivas no hará una diferencia.

#5. Nos equivocamos. Nuestro producto no era una buena opción para ellos. No necesitan nuestro producto.

#6. Las personas son resistentes al cambio. Tenemos hábitos. Tenemos creencias de larga duración. Y para algunas personas el cambio es estresante. A menos que el problema sea crítico, estas personas no cambiarán.

#7. Algunas de las personas que contactemos pueden tener objeciones psicológicas. Pueden haber aprendido programas negativos de sus padres o haber tenido malas experiencias.

No es nuestra culpa.

La mayoría de estas razones están fuera de nuestro control. ¿Así que cómo debemos de sentirnos cuando alguien nos diga que no está interesado? Bien, no deberíamos tomarlo personal. En lugar de eso, deberíamos recordarnos a nosotros mismos que no todo momento de todos los días es un momento perfecto para que alguien compre nuestros productos.

¿Entonces qué debemos hacer cuando alguien nos dice que no está interesado?

Pregunta a otras personas. Tal vez hoy sea el momento de comprar para alguien más.

El punto de tener habilidades geniales para la venta no es para conseguir ventas del 100% de personas con las que hablamos. Algunas personas simplemente no comprarán hoy… o tal vez nunca.

Entonces, ¿qué debemos hacer?

Respetar sus decisiones. Permitirles la libertad de elegir. Este código secreto para el "No" no son señales de que debemos hacer un cierre más fuerte o aplicar más presión.

Estas señales significan:

#1. No son clientes. No están interesados en lo que vendemos.

O,

#2. Son clientes potenciales, pero odiaron cómo describimos nuestros productos. Esa es una pista de que debemos crear una mejor presentación de ventas.

O,

#3. No nos creen ni nos respetan. Es momento de trabajar en nuestras habilidades de comunicación.

Si respetamos sus decisiones de no comprar nuestros productos, conservaremos a nuestros amigos. A cambio, ellos nos mostrarán respeto mutuo. No habrá malos sentimientos, ni vergüenzas ni dramas.

Queremos disfrutar nuestra carrera en ventas. Vamos a sentirnos bien con lo que hacemos. ¿Y recuerdas la mentalidad anterior en este libro? Estamos ofreciendo una opción más para la vida de las personas. Eso es todo.

Ahora podemos conservar nuestras relaciones con otros.

Usar primero una "pequeña pregunta."

¿Por qué las preguntas hacen que nuestros interlocutores tengan miedo y se incomoden?

Imagina este escenario. Llamo a mi buena amiga Mary, y digo: –¿Qué vas a hacer el jueves por la noche a las 7pm?

¿Puedes sentirlo? ¿Sientes la incomodidad de Mary? Mary no quiere responder mi pregunta. Tiene miedo de comprometerse a las 7pm ya que puedo pedirle que haga algo que no quiere. No sabe a dónde se dirige esta pregunta.

Mary puede estar pensando: "Oh, mejor no me comprometo. Si digo que estoy libre, tal vez me pida que cometamos un homicidio doble. O peor aún, ¡tal vez me invite a una presentación de tres horas de algún multinivel!"

Sí, Mary estará muy dudosa de responder mi pregunta.

Ahora, siente la diferencia cuando dejo que Mary sepa por qué estoy haciendo esa pregunta. Llamo a Mary y digo: – Mi hija tendrá su fiesta de cumpleaños el jueves por la noche. ¿Estaría bien si vienes a la casa el jueves a las 7pm?

¿Sientes la diferencia? Mary está ahora más cómoda respondiendo la pregunta por que sabe a dónde se dirige la conversación. Ella sabe por qué le hago la pregunta.

¿Y cómo se aplica esto a nuestras ventas?

Primero, deberíamos dar un poco más de trasfondo a nuestros contactos antes de hacer nuestra pregunta de calificación. No queremos ir demasiado rápido demasiado pronto.

Al hacer una "pequeña pregunta" primero. Esto le permite a nuestros escuchas saber a dónde vamos con nuestra conversación. Nuestra "pequeña pregunta" hará que las personas se sientan más cómodas con nuestra conversación.

Segundo, si nuestra "pequeña pregunta" no es invasiva, y es fácil de responder, la mayoría de las personas dirá "Sí." Para construir afinidad y ser amables, debemos comenzar con preguntas fáciles en conversaciones normales. Esto es importante. Queremos permanecer en afinidad y evitar la tensión de la otra persona.

Ahora, cuando las personas con las que hablamos dicen "Sí" a esta "pequeña pregunta" de apertura, creerán su respuesta. Se comprometen a su respuesta y opinión. Mientras nuestra conversación continúa, ellos querrán permanecer consistentes con su respuesta de apertura de "Sí."

Entonces si nuestra pregunta inicial fuese fácil tal como, "¿Te gusta estar sano?" nuestro cliente potencial tendrá una mente más abierta a opciones de salud. Esto sería consistente con su respuesta "Sí" a "¿Te gusta estar sano?"

¿Quieres ver cómo trabaja esto?

Aquí tienes algunos ejemplos.

Imagina que vendemos vitaminas. Hablamos con personas y decimos: –¿Te gustaría probar unas nuevas vitaminas?

Bien, podemos imaginar que la mayoría de la gente dirá, "No." No estarán interesados.

Ahora, imagina que vendemos vitaminas y hacemos esta "pequeña pregunta" primero. Hablamos con las personas y decimos: –¿Te gusta cuidar tu salud?– Por supuesto que dirán, "Sí."

Y luego continuaremos la conversación preguntando: –¿Estaría bien si probaras nuestras nuevas vitaminas por dos semanas y ves qué tan bien te sientes?

Esta ocasión más personas dirán "Sí." ¿Por qué es esto?

A las personas les gusta ser consistentes. Se resisten al cambio. Si se comprometen a una posición o punto de vista, no quieren verse como político. Así que si se comprometen a querer una buena salud, es consistente para ellos mantener una mente abierta acerca de probar nuevas vitaminas.

Probemos algunos más.

- "¿Encuentras que los vegetales orgánicos son costosos? ¿Estaría bien si tuvieras la misma nutrición en una cápsula?"

- "¿Tus hijos van a la escuela? ¿Estaría bien si pudieras protegerlos de todas las bacterias y virus que los otros niños llevan a la escuela?"

- "¿Te sientes cansado en las mañanas? ¿Estaría bien si te levantaras sintiéndote fresco y descansado?"

- "¿Odias estar enfermo? ¿Estaría bien si tu sistema inmune fuese más eficiente para protegerte?"

Imagina que vendemos electricidad con descuento.

Nos aproximamos con las personas y decimos: –¿Estarías interesado en ahorrar dinero en tu factura de electricidad?– La mayoría de las personas dirán, "No."

Podrían ofrecer excusas tales como, "No queremos cambiar. Estamos felices donde estamos. Tenemos miedo de que no funcione. Realmente no te conocemos."

De nuevo, agregaremos una "pequeña pregunta" para hacer que nuestros escuchas abran su mente. Preguntaremos, "¿Te gusta ahorrar dinero?" La mayoría de las personas responderán, "Sí."

Y entonces continuaremos nuestra conversación preguntando, "¿Estaría bien si te ahorro algo de dinero en tu factura de electricidad?" Para permanecer consistentes con su respuesta previa, más personas dirán, "Sí."

¿Qué tal si vendemos cuidados para la piel?

Podríamos preguntar a las personas: –¿Te gustaría probar una nueva crema para el cutis?– De nuevo, la mayoría de las personas responderá "No."

Vamos a agregar esta "pequeña pregunta" de nuevo. Ahora nos aproximamos al mismo grupo de personas y hacemos esta pregunta primero, "¿Te gusta cuidar bien a tu piel?" Por supuesto que más personas responderán, "Sí."

Y entonces decimos: "¿Estaría bien si usaras nuestra nueva crema para el cutis y ves la diferencia que hace?" Podemos esperar que más personas acepten nuestra oferta.

¿Quieres más ejemplos?

- "¿Odias cómo el sol daña tu piel? ¿Estaría bien si pruebas nuestra crema humectante con bloqueador integrado?"

- "¿Te gusta lucir joven? ¿Estaría bien si pudieras mantenerte sin arrugas por otros 15 años?"

- "¿Odias las manchas por la edad? ¿Estaría bien si pruebas nuestra crema removedora de manchas por 30 días y ves toda la diferencia que hace?"

Si vendemos productos de dieta:

- "¿Te gusta estar en forma? ¿Estaría bien si disfrutaras nuestra malteada de desayuno todas las mañanas para ayudarte a estar en forma?"

- "¿Se te hace difícil encontrar tiempo para ejercitarte? ¿Estaría bien si pudieras perder peso sin ejercicio?"

- "¿Odias sentirte hambriento? ¿Estaría bien si pudieras hacer dieta pero nunca sentir hambre?"

- "¿Odias las dietas de yo-yo? ¿Estaría bien si pudieras perder peso una vez y no recuperarlo nunca?"

- "¿Te gustan los snacks? ¿Estaría bien bajar de peso comiendo snacks?"

- "¿Odias succionar las comidas con pajilla? ¿Estaría bien si pudieras perder peso, y nunca tener que beber otra bebida dietética más?"

- "¿Te gusta la pizza? ¿Estaría bien si pudieras perder peso pero seguir comiendo pizza?"

- "¿Demasiado ocupado para hacer dietas? ¿Estaría bien si pudieras perder peso sólo cambiando los desayunos?"

- "¿Odias las dietas? ¿Estaría bien si pudieras perder peso, pero seguir comiendo tu comida favorita?"

Si vendemos seguros o productos financieros:

- "¿Te preocupa tu retiro? ¿Estaría bien si pudieras incrementar los pagos de tu pensión sin preguntarle a tu jefe?"

- "¿Odias las inversiones riesgosas? ¿Estaría bien si tuvieses consejeros profesionales que te protejan de grandes riesgos?"

¿Vemos la tendencia?

Agregar una "pequeña pregunta" podría duplicar o triplicar nuestros resultados. Esto no es difícil de hacer. Lo que necesitamos hacer es pensar muy bien sobre nuestra "pequeña pregunta" de apertura. Esta pregunta extra nos puede ayudar a vender más productos y servicios.

Aquí hay algunos ejemplos más de "pequeñas preguntas" para diferentes productos para ayudar a estimular nuestra creatividad.

Si vendemos membresías de viajes:

- "¿Te gusta ahorrar dinero cuando viajas? ¿Estaría bien si usaras nuestros servicios de viajeros para ahorrar dinero en cada viaje?"

Si vendemos cosméticos:

- "¿Te gusta usar lápiz labial? ¿Estaría bien si pruebas nuestro lápiz labial Stay-On y ves cuántos cumplidos recibes?"

- "¿Te gusta verte genial cada que sales de casa? ¿Estaría bien si pruebas este nuevo maquillaje orgánico?"

- "¿Usas lápiz labial? ¿Estaría bien si tu lápiz labial se quedara en tus labios en lugar de los vasos?"

- "¿Te gusta tener unas pestañas largas? ¿Estaría bien si pudieras tener pestañas que lucen geniales sin tener que pegártelas?"

Si vendemos productos naturales de limpieza:

- "¿Te preocupa el medio ambiente? ¿Estaría bien si probaras nuestro nuevo limpiador natural y orgánico por un mes?"

- "¿Te gusta que tu casa sea segura? ¿Estaría bien si usaras nuestros productos de limpieza naturales que no contienen químicos dañinos?"

Si vendemos pasta dental natural:

- "¿Tus hijos cepillan sus dientes? ¿Estaría bien si tu familia probara esta nueva pasta dental natural y libre de químicos?"

Si vendemos productos energéticos:

- "¿No odias sentirte cansado? ¿Estaría bien si probaras este nuevo producto que te da energía?"
- "¿Te gusta hacer ejercicio? ¿Estaría bien si pudieras tener más energía durante tus rutinas?"
- "¿Te llega el cansancio a media tarde? ¿Estaría bien si tuvieras energía durante toda la tarde y hasta la noche?"

Si vendemos productos para cuidado del cabello:

- "¿Te gusta cuidar tu cabellera? ¿Estaría bien si pruebas este nuevo shampoo y acondicionador revitalizante?"

Un elemento clave adicional.

¿Notaste algo? Después de nuestra "pequeña pregunta" inicial, comenzamos nuestra siguiente pregunta con estas tres palabras: "¿Estaría bien si…?"

Esas tres palabras hacen que sea más fácil para las personas decir, "Sí." De hecho, es casi automático. Nuestro subconsciente nos empuja a decir "Sí" sólo al escuchar esas tres palabras.

¿Raro? ¿Extraño?

Sí. Pero así es como funcionan nuestras mentes. Incrementamos nuestras probabilidades de éxito diciendo: "¿Estaría bien si...?"

Así que pruébalo por ti mismo. Después de tu "pequeña pregunta" de apertura, inmediatamente comienza tu segunda pregunta con esas tres palabras mágicas. "¿Estaría bien si...?" Tus palabras siguientes saldrán fácilmente. Esta es una manera genial de hacer que estas "pequeñas preguntas" funcionen para ti.

¿Cuál es la parte más difícil de una conversación de venta?

¿El comienzo?

¿La mitad?

¿El final?

Sabemos la respuesta.

El comienzo es lo más difícil. En el comienzo nuestros clientes potenciales son escépticos, temerosos, cautelosos, fríos, y no se comprometen a nada.

¿Pero qué ocurre cuando abrimos con una "pequeña pregunta" y continuamos con una pregunta de "¿Estaría bien si...?"

¡Saltamos sobre todas las barreras dentro de la mente de la otra persona! Como resultado, el cliente potencial está preguntando: "¿Y cómo funciona?"

Ahora estamos en una conversación de alta calidad con personas que quieren lo que ofrecemos.

¿QUÉ PODEMOS DECIR A CONTINUACIÓN?

Al usar nuestra "pequeña pregunta" u otras opciones de apertura, tendremos personas que ahora quieren saber más. Esto es bueno. ¿Qué deberíamos decir para continuar la conversación?

Recuerda, queremos que esto sea una conversación, no una presentación de ventas.

Nadie quiere comprar nada a menos que resuelva un problema. ¿Pero qué problemas quieren resolver las personas?

- Problemas de imagen.
- Problemas de peso.
- Problemas de piel grasa.
- Problemas de facturas de electricidad caras.
- Problemas de falta de energía.

Sí, las personas tienen problemas. Quieren resolver sus problemas. Nuestros productos pueden ayudar. Así que en el inicio de la conversación podemos hablar sobre sus problemas. ¡Sus problemas podrían ser su tema favorito!

Entonces, ¿después de usar "pequeñas preguntas" y la pregunta "¿Estaría bien si..." qué ocurre después?

Las personas querrán continuar la conversación sobre sus problemas.

¿Que deberíamos decir a continuación?

¿Qué tal si nos preguntan, "¿Y cómo funciona eso?"

Este no es el momento para desbordar información. En vez de eso, es una oportunidad para poner cómodos a nuestros escuchas. No queremos ser como uno de esos rudos vendedores que ven en la TV.

Comencemos despacio. Comencemos con esta frase:

"Bien, tú sabes cómo…"

Esta frase es natural. No estamos activando ninguna alerta de vendedores. Además, esta frase en particular hace mucho más.

Primero, cuando decimos, "Bien, tú sabes cómo," nuestra audiencia quiere estar de acuerdo con lo que sea que digamos a continuación. Sienten que "saben cómo" en su mente, entonces lo que decimos debe de ser cierto. Sólo es una peculiaridad de la mente humana. Y algunas ocasiones veremos personas asintiendo con la cabeza, ¡en total acuerdo con nosotros antes de incluso terminar nuestra frase!

Así que aquí tienes algunos buenos ejemplos de establecer el problema al usar la frase: "Bien, tú sabes cómo…"

Si vendemos café saludable.

"Bien, tú sabes cómo el café es malo para nosotros."

"Bien, tú sabes cómo la mayoría de las vitaminas son difíciles de tragar."

"Bien, tú sabes cómo necesitamos más energía por la tarde."

"Bien, tú sabes cómo tomar mucho café nos altera los nervios."

"Bien, tú sabes cómo el café nos puede mantener despiertos por la noche."

"Bien, tú sabes cómo algunos cafés tienen un gusto ácido."

Después de estas afirmaciones de apertura, veremos a la otra persona asintiendo con la cabeza o diciendo "Sí" en acuerdo con nosotros. Ahora tenemos su permiso para continuar. En este punto podemos continuar y decirles cómo nuestro café saludable resuelve sus problemas.

Si vendemos servicios.

"Bien, tú sabes cómo las facturas de servicios son muy altas."

"Bien, tú sabes cómo el costo de los servicios sigue creciendo."

"Bien, tú sabes cómo ahorrar dinero es difícil."

"Bien, tú sabes cómo las compañías de servicios hacen que sus tarifas sean difíciles de comprender."

Cuando nuestro cliente potencial está de acuerdo, podemos continuar. Ahora les diremos cómo nuestros planes de servicios básicos son simples y menos costosos.

Si vendemos lápiz labial.

"Bien, tú sabes cómo es muy difícil encontrar el color perfecto."

"Bien, tú sabes cómo queremos que el labial nos dure todo el día en lugar de desvanecerse en todas partes."

"Bien, tú sabes cómo siempre tenemos que revisar nuestro labial durante el día y hacer retoques."

Cuando nuestro contacto está de acuerdo con el problema, continuamos. Podemos mostrar los colores de nuestro lápiz labial o demostrar cómo es que dura más.

Si vendemos limpiadores naturales.

"Bien, tú sabes cómo odiamos los químicos dañinos en nuestros hogares."

"Bien, tú sabes cómo no queremos químicos tóxicos en nuestros gabinetes cuando nuestros nietos nos visitan."

"Bien, tú sabes cómo queremos ayudar al medio ambiente."

Si vendemos productos de dieta.

"Bien, tú sabes cómo es difícil perder peso cuando tenemos huesos anchos."

"Bien, tú sabes cómo es difícil hacer dieta cuando tenemos hambre."

"Bien, tú sabes cómo no tenemos tiempo para el ejercicio."

"Bien, tú sabes cómo somos alérgicos al ejercicio, nos pone rojos y sudamos a chorros."

"Bien, tú sabes cómo amamos las rosquillas."

Si vendemos seguros.

"Bien, tú sabes cómo es difícil tener un presupuesto y pagar un seguro."

"Bien, tú sabes cómo todos necesitamos un seguro, pero no podemos pagarlo."

"Bien, tú sabes cómo las tarifas de seguros son muy altas."

Si vendemos cuidado para el cutis.

"Bien, tú sabes cómo nunca queremos sentirnos tímidos con nuestra cara."

"Bien, tú sabes cómo el acné es tan vergonzoso."

"Bien, tú sabes cómo todos queremos que nuestra piel luzca más joven."

"Bien, tú sabes cómo los productos para la piel baratos hacen que nuestra piel luzca… barata."

Si vendemos viajes.

"Bien, tú sabes cómo merecemos buenas vacaciones."

"Bien, tú sabes cómo queremos que nuestros viajes sean memorables."

"Bien, tú sabes cómo viajar es muy caro ahora."

"Bien, tú sabes cómo todos soñamos con un crucero de lujo."

¡Estamos listos para un gran comienzo!

Al comenzar con, "Bien, tú sabes cómo" obtenemos el acuerdo de nuestro escucha. Ahora estamos caminando sobre el mismo curso. No más estrés. Sólo es una conversación natural.

TRATANDO HUMANOS... COMO HUMANOS.

A nadie le gusta sentirse usado. Odiamos cuando nuestros amigos nos ven como una oportunidad más de ganar una comisión.

¿Cómo nos sentiríamos si alguien nos invita a su casa, o a una cafetería, y nos dan una plática de ventas? Nos sentiríamos como si sólo fuimos invitados para que nos vendieran productos. Incluso si somos amables, dentro de nuestra cabeza seguiríamos sintiendo que nos usaron.

Así que se directo. A las personas les gusta la honestidad.

¿Y como debemos hablar con nuestros amigos?

Veamos un ejemplo de cómo introducir nuestros productos en una conversación con un amigo:

Amigo: –¿Qué hay de nuevo contigo?

Nosotros: –Inicié un negocio de medio tiempo que le ayuda a perder peso a las personas que no hacen ejercicio.

Esto es todo lo que tendríamos que decir. Nuestro amigo conoce el beneficio de nuestro producto. Si nuestro amigo tuviese un interés, diría algo como esto: –¿Y cómo funciona eso?

Ahora tenemos permiso de nuestro amigo para describir nuestros productos.

Obtener permiso de nuestro amigo primero, preserva nuestra relación. Simple y directo.

Ahora, si nuestro amigo no estuviese interesado en perder peso, cambiaría el tema. Podemos seguir con la conversación como amigos.

Eso es todo. Una frase. Describimos los beneficios de nuestros productos o cómo resuelven un problema. Entonces nuestro amigo puede decidir si quiere saber más o no.

Aquí hay algunos ejemplos de esta técnica. Imagina que nuestro amigo pregunta: –¿Qué hay de nuevo contigo?– Queremos una respuesta que provoque que nuestro amigo diga: –¿Y cómo funciona eso?

Aquí están algunas posibles respuestas:

- "Estoy vendiendo un producto que le ayuda a los adolescentes a librarse del acné. ¿Conoces a alguien que pudiera usar este producto?"

- "Bien, tú sabes cómo todos pagamos facturas de electricidad. Encontré cómo hacer que el pago sea más bajo."

- "Ahora tengo un negocio de medio tiempo ahorrando dinero para las familias en sus vacaciones. Ahora pueden usar ese dinero extra para más entretenimiento y restaurantes cuando viajan. Si conoces familias que pueda ayudar, avísame."

- "Como sabes, yo solía estar muy cansado. Probé esta bebida energética orgánica, y me sentí mucho mejor. Ahora la estoy vendiendo en mi medio tiempo. Me encanta."

- "Estoy mucho más felíz. Detestaba ver cómo las facturas de los servicios subían y subían. Así que me las arreglé para solucionarlo."

- "Un poco más delgado. Perdí 5 kg al cambiar lo que tomo en el desayuno."

- "Me siento muy bien. Las nuevas vitaminas están funcionando."

¿Puedes ver cómo alguien que esté interesado querrá continuar la conversación? Estas afirmaciones hacen más fácil que alguien nos pida que continuemos. Y estas afirmaciones hacen fácil para las personas que no están interesadas, decir: –Oh, está bien.– Y luego cambiarán la conversación a algo que encuentren más interesante.

Ahora es nuestro turno.

Por cada producto que vendamos, queremos crear una respuesta irresistible a la pregunta, "¿Qué hay de nuevo contigo?"

Nuestra respuesta mostrará los beneficios de nuestros productos, y cómo resuelven problemas. Alternadamente, podemos dejar que la otra persona sepa que los vendemos, y buscamos personas que los quieren. Esto depende de la situación.

Pensemos bien nuestras respuestas debido a que usaremos estas respuestas a menudo.

¿Cómo hacer que las personas nos pregunten, "¿Qué hay de nuevo contigo?"

Las personas tienen programas en sus mentes. Uno de los programas se llama "modales." Recibimos modales de nuestros padres. Los modales nos enseñan a ser amables en sociedad.

Queremos más personas con quién hablar, ¿correcto? Pero no queremos rechazo. Además, en ocasiones las personas son difíciles de aproximar. Tal vez queremos hablar con un extraño en la línea del banco, pero no sabemos qué decir. Aquí está una solución.

Después de la usual charla sin sentido, si parece apropiado, pregunta a la persona:

–¿Qué hay de nuevo contigo?

El desconocido se emociona. ¿Por qué? Está pensando, "Oh vaya, mi familia me ignora. Nadie en la oficina me escucha. ¿Y tú quieres escucharme? ¡Increíble! Déjame decirte lo que hay de nuevo conmigo."

Ahora, después de como cinco minutos de monologo, el desconocido piensa, "¡Ohh, debo de ser educado! Tengo que dejar que la otra persona hable un poquito." ¿Y qué es lo que hace? El desconocido pregunta: –¿Qué hay de nuevo contigo?

Y tenemos oportunidad de decir: −Bueno, tú sabes cómo todos tenemos una cuenta de electricidad. Encontré cómo hacerla más pequeña. (Crea tu propia respuesta para tu producto.)

Fácil.

Educado.

Instantáneamente, nuestros escuchas deciden si nuestra respuesta es interesante para ellos o no. Es así de rápido.

Las personas son inteligentes. Tienen sentido común. Y ahora nuestro mensaje está dentro de sus cabezas. Ahora pueden decidir si esto es algo que les sirva o no.

FRASES PEGAJOSAS.

¿Lapsos de atención? Ninguno.

¿Habilidades de escucha? Cero.

Eso describe a la mayoría de las personas con las que hablamos. A menos que hagamos un esfuerzo para ser interesantes, estas personas no tienen tiempo para nosotros y no escucharán nuestro mensaje.

Y se pone peor.

Nuestros clientes potenciales también tienen problemas de dinero. No recordarán todas las cosas buenas que decimos. Algunos investigadores reportan que olvidamos el 90% de lo que escuchamos.

Eso es muy malo.

Entonces si las personas sólo recuerdan 10% de lo que decimos, hagamos que ese 10% cuente. Usaremos ese 10% para ayudar a nuestros contactos a hacer una decisión inmediata de "Sí" comprar nuestros productos.

¿Cómo haremos esto?

Con una frase pegajosa, por supuesto.

¿Qué es una frase pegajosa? Una pieza pequeña, un mordisco de información que se pega a nuestros cerebros, y hace que tomemos acción. ¿Cómo?

Tal vez las palabras son fáciles de recordar. O posiblemente provocan una emoción. Pero estas pocas palabras son poderosas y hacen que las personas tomen decisiones inmediatas de compra.

Piensa en las frases pegajosas de esta manera. Escuchamos un aburrido discurso. Datos, más datos, información aburrida. No recordaremos la mayoría de estos datos en 24 horas. Sin embargo, durante el discurso, el orador dice algo memorable como, "Compatriota Americano, no te preguntes lo que tu país puede hacer por ti, pregúntate lo que tú puedes hacer por tu país."

Por supuesto que eso fue del discurso de John F. Kennedy allá en 1961. La mayoría de los estadounidenses pueden recitar esa frase tan pegajosa. Pero pregunta a esos mismos estadounidenses: –¿Puedes recordar algo más de ese discurso?– Su respuesta será, "No."

Muchos discursos son recordados sólo por una oración o frase pegajosa. Pero las frases pegajosas no tienen que ser largas. Piensa en la frase pegajosa de Nike, "¡Sólo hazlo!" Memorable. Sólo piensa en todos los famosos eslogans publicitarios y ejemplos grandiosos de frases pegajosas. Por ejemplo:

"McDonalds, ¡me encanta!"

"Sabor que le gana a los demás – Pepsi."

"Alka-Seltzer: Plop, plop, fizz, fizz."

"American Express: No salga de casa sin ella."

¡Estos eslogans tienen más de 30 años! Pero la mayoría de las personas que los escucharon hace tantos años pueden recordarlos palabra por palabra.

Pero estamos buscando frases pegajosas cortas que nos ayuden a vender nuestros productos. Y queremos resultados instantáneos. Las marcas de largo plazo y ser memorable es bueno. Sin embargo, queremos frases que activen las decisiones de compra de las personas con las que hablamos.

Queso para nachos.

Me encanta la comida mexicana, especialmente los nachos con queso derretido. Mientras veía sin pensar infomerciales tarde por la noche, apenas noté una promoción de una minilicuadora. Picaba, mezclaba, hacía jugo, y las cosas aburridas que hacen las licuadoras.

Pero, colocaron trozos de queso y jalapeños en la licuadora miniatura. Un rápida pasada de las navajas, diez segundos en el microondas, ¡y presto! Un humeante e instantáneo queso para nachos con infusión de jalapeño. Marqué el número, compré la licuadora miniatura, todos los aditamentos, más la garantía extendida, ¡todo el juego! Sin preguntas. ¡Quería mi máquina de queso para nachos!

Al día siguiente me pregunté, "¿Qué activó ese frenesí de compra?" Así que esa noche miré el comercial de nuevo. Y sí, cuando mencionaron el queso para nachos en diez segundos, ese sentimiento regresó: "¡Cómpralo!"

Ahora, "queso para nachos en diez segundos" puede no ser una frase que funcione con todos. Pero para los amantes de la comida mexicana, esa frase pegajosa es mejor que una presentación de dos horas. Si yo vendiera licuadoras miniatura, iría de mesa en mesa en restaurantes de comida mexicana diciendo, "Queso para nachos en diez segundos en tu casa, cada vez que quieras." Apuesto a que podría vender muchas mini-licuadoras.

Las frases pegajosas hacen ventas instantáneas.... ¡aquí hay pruebas!

En 1982 me mudé a Houston, Texas. El agua sabía a cloro, pero hey, ¡estaba en Texas! Tenía que ser rudo. Alguien vino a venderme un caro filtro de agua y usó todos los aburridos datos de las presentaciones de ventas. Dijo:

–Tu agua está llena de cloro. No sabe bien. No es saludable. Y tu suministro de agua es del río que corre por toda la ciudad aguas arriba. ¡Yuck!

Buen intento. Pero no tan bueno para hacer que gastara una ridícula cantidad de dinero en un filtro de agua.

Nada funcionó. No iba a comprar, hasta que…

El vendedor llenó un vaso de agua del grifo de Houston, y también llenó un vaso de agua de su filtro de agua. Dijo: –Prueba la diferencia.

Y así es, el agua que pasó a través de su filtro sabía mejor, pero no cientos de dólares mejor.

Y entonces el vendedor dijo: −Sujeta ambos vasos a contraluz y dime lo que ves.

Miré ambos vasos. El agua filtrada estaba limpia y clara. Pero el vaso del grifo de mi cocina, tenía cositas pequeñas flotando en el. Así que hice esta pregunta:

−¿Qué son esas cositas diminutas flotando en el agua que sale del grifo de mi fregadero?

El vendedor respondió: −Partículas de papel higiénico sin disolver.

Dije: −Deja el filtro conectado. Toma mi dinero.

Ahora, no sé si esos pedacitos de lo que fuese eran de hecho papel higiénico o no. Sin embargo, la frase "partículas de papel higiénico sin disolver" me provocó a tomar la decisión instantánea de comprar.

Es por eso que dominar frases pegajosas geniales para nuestro negocio es una tarea crítica.

No se requieren habilidades de venta.

Una gran ventaja de las frases pegajosas es que los nuevos distribuidores no tienen que aprender habilidades de venta inmediatamente. Pueden insertar frases pegajosas dentro de sus conversaciones, y dejar que las frases vendan por ellos. Asegúrate de proveer a tus distribuidores con frases pegajosas para tus productos para apoyarlos a tener un comienzo exitoso.

¿Listo para algunos ejemplos de frases pegajosas que podemos usar para vender nuestros productos?

Recuerda, las frases pegajosas son geniales para un mercado dirigido que responde a estas frases. No funcionarán con todos. No podemos y no deberíamos estar vendiendo productos a personas que no los quieren.

Comencemos con cuidados del cutis y cosméticos.

Aquí hay algunas pequeñas frases que podemos usar en nuestras conversaciones para activar decisiones de compra instantáneas.

- "Hace que tu piel se vea tan bien, que no necesitarás maquillaje."
- "Evita la Escuela de Maquillaje de Payasos al usar nuestra paleta de colores coordinados."
- "El maquillaje barato nos hace ver… baratas."
- "Piel de bebé en 14 días."
- "Hace que tu piel se vea como cuando tenías 16, pero sin acné."
- "Se siente tan bien que no podrás dejar de acariciar tu piel."
- "A este le llamamos el 'reductor de poros.'"
- "Hace que tu piel se vea tan joven que no podrás comprar bebidas alcohólicas."

- "Arrugas tan profundas que puedes guardar comida en ellas."
- "Mata-acné."
- "En la cama por la noche escuchando cómo se arruga tu piel."
- "Vive sin arrugas por otros 15 años."
- "Plancha para el rostro."
- "Lápiz labial que se queda en tus labios, no en los vasos."
- "Pestañas naturalmente hermosas y largas, sin pegamentos."
- "Hace tu piel más joven mientras duermes."
- "Removedor de barbilla doble."
- "¡Adiós a las arrugas!"
- "No queremos que nuestro rostro luzca más viejo que nuestra edad."
- "Lifting facial embotellado."
- "Una arruga más y me confunden con uva pasa."
- "Libérate del 'tecno-cuello' por bajar la vista al móvil todo el tiempo."

Sí, algunas de estas frases nos hacen sentir bien, y algunas nos hacen sentir mal. Pero nos hacen "sentir," y eso puede activar la decisión de comprar. Además, estas frases pegajosas son memorables. Los compradores dudosos las recordarán día tras día, hasta su compra.

Productos de nutrición.

- "Te hace ver como adolescente de nuevo, pero con mejor juicio."

- "Despierta cada mañana sintiéndote como millonario."

- "Caes dormido a los 7 minutos de que tu cabeza toca la almohada."

- "Mata-estrés."

- "Morir pronto no es conveniente."

- "Con tanta energía que tus nietos se quejarán, 'Más despacio, abuela. ¡Nos dejas atrás!'"

- "Tendrás tanta energía que cuando llegues de trabajar, querrás salir a bailar."

- "¡Te ayuda reforzar tu sistema inmune para que nada te derribe!"

- "Comida para el poder mental."

- "Genios en cápsula."

- "Energía instantánea en una tableta."

- "Felicidad embotellada."

- "¡El mata-siestas!"

- "¿Hemorroides? ¡Nunca dirás '¡Auch!' de nuevo!"

- "Si tuvieras un purasangre de un millón de dólares, ¿le darías un café y un cigarrillo para desayunar?"

- "Ensalada concentrada en una cápsula."

- "Fibra para los amantes de la pizza que odian la comida de conejos."

- "Detox. Como limpieza de primavera pero para tu cuerpo."

- "Remueve el estrés que nos da el jefe chupa-sangre que se come partes de nuestro cerebro a diario y nos convierte en zombis agotados."

- "Primer síntoma de enfermedad cardiaca: muerte repentina."

- "Tu cuerpo viene con una garantía de por vida."

Los ejemplos pueden continuar. Pero déjame mostrarte dos ejemplos de cómo otros están usando frases pegajosas con sus clientes de nutrición.

Primero, un distribuidor tiene problemas vendiendo sus suplementos de precios elevados. Luego, aprendió a concluir su presentación con esta frase para sus críticos escépticos:

"Puedes ahorrar mucho dinero en tus suplementos, sólo que mueres pronto."

Esto le ayuda a cerrar a las personas escépticas que no pueden organizar correctamente sus prioridades.

Segundo, una mujer de 77 años me contó ésta historia. Dijo que era la más joven del condominio en el que vive en Florida. Todos sus clientes potenciales eran mucho más viejos. Su presentación de ventas completa era una frase:

"Gasolina para tu sistema inmune –para que nada te descuente."

Productos naturales de limpieza.

- "Casa a prueba de veneno."

- "Que tu hogar sea seguro para tus hijos."
- "Un primer paso que podemos tomar para salvar al mundo."
- "Limpieza con la naturaleza –no químicos."

Productos de pérdida de peso.

- "Convierte tu cuerpo en una máquina quema-grasa."
- "Ayuda a quemar la grasa, mientras miras televisión."
- "Fuerza de voluntad en una cápsula."
- "La mejor barrera para la grasa."
- "El asesino de grasa."
- "Mata-grasa."
- "Asesinos de calorías."
- "Quemador natural de grasa."
- "Pierde peso con sabor a chocolate."
- "Poderoso desayuno de dieta."
- "No más dietas yoyo."
- "Sustitutos de rosquillas."
- "Pierde peso cambiando tu marca de café."
- "Para cuando quieres 'enflacar.'"
- "Muslos de queso cottage."
- "Pellizca una pulgada."
- "Agarraderas del amor."
- "Cobertura de muffin."
- "Ponte tus jeans ajustados."

- "¡Deja de comer con pajillas!"
- "Deja de comer alimento para conejo."
- "Cápsula cero-antojos."
- "¡Otra dieta nunca más!"

Filtros de agua.

- "Tú agua es reciclada. Nosotros le quitamos las contribuciones ajenas."
- "Mejor que el agua embotellada."
- "El cloro es muy bueno para blanquear ropa, pero no para nuestros estómagos."
- "¡Agua que sabe genial a sólo diez centavos por litro!"

Viajes.

- "Hotel de cinco estrellas a precio de Holiday Inn."
- "Deja de vacacionar en el departamento de tu suegra con sus 22 gatos."
- "¿Nacido para viajar?"
- "Envía postales desde Hawai para toda la oficina."
- "Viaja con precios de mayoreo, no de menudeo."

Servicios.

- "No cambies tu electricidad. Sólo haz que te envíen un recibo más bajo."
- "Le llamamos a nuestro servicio el 'reductor de

facturas."'

Bebidas energéticas.

- "Relámpago en una lata."
- "Motivación enlatada."
- "Harán falta tres dardos tranquilizantes para sentarte quieto."

Otras ideas para productos.

Para una pasta de dientes natural: "Deja de poner químicos en la boca de tus hijos."

Para un shampoo natural: "Deja de poner químicos en la cabeza de tus hijos."

Para tarjetas de felicitación personalizadas: "Tarjetas personalizadas, en lugar de tarjetas genéricas que demuestran que no te importa."

Colonias y perfumes: "Imán de mujeres" o "imán de hombres."

¿Tienes la idea?

Ahora es nuestro turno de crear más frases pegajosas para nuestros productos. Sólo unas pocas palabras pueden cambiar el éxito de ventas de nuestro equipo.

SÉ ESPECÍFICO.

Un mensaje específico funciona mejor que un mensaje general. Veamos el siguiente mensaje:

"El Producto X te da más energía."

Ahora, hagámoslo más específico:

"El Producto X te da energía sin parar durante toda la tarde."

¿Cuál mensaje habla más efectivamente a nuestro escucha? El segundo mensaje. ¿Por qué? Entre más específico sea el mensaje, más personal suena para la persona.

Queremos que las personas digan: –¡Hey! ¡Ese soy yo! Tu producto es exactamente lo que necesito para mi problema."

Vender es fácil cuando nos dirigimos a nuestro mercado de manera precisa. Aquí está un ejemplo, si nuestro mensaje de ventas fuese:

"El producto de pérdida de peso para personas que odian las dietas."

¿A quién estamos atrayendo? Estaríamos atrayendo a compradores deseosos y listos. Están ansiosos por probar nuestro producto de pérdida de peso por que odian las dietas.

Probemos con otro ejemplo. En lugar de decir:

"Nuestra crema súper humectante protege tu rostro."

Probemos siendo más específicos:

"Crema súper humectante para mujeres de más de 40 que quieren vivir sin arrugas."

Ahora, este mensaje de venta limita el número de compradoras. Sin embargo, estas personas se sentirán súper identificadas y súper listas para súper comprar. Este mensaje les habla específicamente. Recuerda, es fácil vender cuando las personas vienen a nosotros, y están listas para comprar.

Hagamos algunos mensajes "antes y después."

Antes: "Vitaminas 100% naturales para la salud."

Después: "Vitaminas 100% naturales para corredores."

Antes: "Producto X, te libera del estrés."

Después: "Producto X, libera del estrés a las madres ocupadas."

Antes: "Viajes con descuento para tus vacaciones."

Después: "Viajes familiares con descuentos que puedes pagar."

Antes: "Productos de dieta que te ayudan a perder peso."

Después: "Productos de dieta para personas que detestan el ejercicio."

Antes: "Obtén descuentos en tus servicios."

Después: "Para los que cuidan el medio ambiente, descuentos verdes en tus servicios."

Antes: "Tarifas geniales de telefonía móvil."

Después: "Tarifas de telefonía móvil especiales para estudiantes."

Entre más exclusiva hagamos nuestra audiencia, más sentirán que nuestro mensaje es específico para ellos. Preguntémonos, "En lugar de vender mis productos a quien sea, ¿cómo puedo crear diferentes mensajes de venta que se dirijan a grupos específicos de personas?"

Es fácil perderse en el mundo de la publicidad. Las personas reciben mensajes de venta cientos de veces al día. Para hacer que nuestro mensaje resalte, debemos de ser específicos.

USA LA GRAN PALABRA "SI" PARA CAPTURAR LA ATENCIÓN.

Tenemos un gran mensaje pero nadie nos está escuchando. Y todo lo que queremos hacer es que nuestro mensaje llegue al interior de la mente de nuestros escuchas. Sabemos que SI escuchan nuestro mensaje, la mayoría de las personas querrán actuar sobre nuestro mensaje.

Ah, pero el problema es que las personas apenas nos están escuchando. ¿Suena familiar?

Ciertas palabras instantáneamente capturan la atención. "Si" es una de esas palabras. ¡Pero espera! Vamos a utilizar "Si" dos veces, y luego le permitimos a la otra persona tomar su decisión. ¡No puede ser mejor que eso!

Aquí está la fórmula:

"Si…, si no…"

Bastante simple. Diremos "Si" y luego describiremos las circunstancias actuales de nuestro escucha. Luego continuaremos con "Si no" y les daremos nuestra solución potencial.

Ponlo a prueba. Te gustará. Aquí tienes algunos ejemplos:

- "Si las dietas, la hambruna, el ejercicio, y comer comidas horribles te funciona... genial. Si no, usa nuestra malteada de desayuno para perder esos kilos extra."

- "Si estás de acuerdo con que tu lápiz labial se quede en los vasos y tazas, está bien. Si no, usa nuestro labial 'stay-on' y nunca pasarás vergüenzas de nuevo."

- "Si puedes tolerar timos, que se aprovechen de ti y pagar cuotas legales enormes, no hay problema. Si no, usa nuestro plan legal."

- "Si las pequeñas arrugas y líneas de edad lucen bien en tu rostro, disfrútalas. Si no, usa nuestra crema humectante súper hidratante para eliminar esas arrugas."

Mensajes simples. Resumidos. Unas pocas palabras. Los compradores y los no compradores se identifican a sí mismos inmediatamente. Ahora las personas sienten que la decisión depende de ellos. Sin presión –ellos escogen.

¿Qué tal algunos otros ejemplos?

Amo estos ejemplos debido a que toman largas presentaciones de venta y las reducen a dos frases. En sólo unos pocos segundos, nuestros interlocutores escuchan sus opciones fuerte y claro. Las personas tienen períodos de atención cortos. Es por eso que los testimoniales largos y los reportes de investigación no funcionan.

Seamos amables. Respetemos el tiempo de las otras personas. Podemos disfrutar de nuestra carrera y divertirnos con estas fáciles oraciones. Aquí tienes algunos ejemplos.

- "Si estás de acuerdo con tener poca energía a diario, no hay problema. Si no, toma nuestras vitaminas por 30 días y verás qué tan bien te puedes sentir."

- "Si despiertas sintiéndote cansado todas las mañanas y lo crees normal, bien. Si no, prueba nuestro paquete de suplementos 'nuevo yo en 30 días' y siente la diferencia cada mañana."

- "Si encorvarte y hacerte lento con los años es tu plan, disfrútalo. Si no, prueba nuestros suplementos y ve cómo te puedes sentir joven otra vez."

- "Si unas vacaciones baratas una vez por año están bien para tu familia, genial. Si no, usa nuestro buscador de tiempos compartidos y date unas vacaciones de lujo por el precio de una noche de hotel barato."

- "Si tienes tiempo de revisar y pagar múltiples facturas de servicios, no hay problema. Si no, déjanos poner todo en una sola factura, y ahorrarte dinero también."

- "Si enviar a tus hijos a la escuela desprotegidos de los virus es aceptable, no hay problema. Si no, dale a tus hijos una dosis de nuestros antioxidantes a primera hora cada mañana."

- "Si usar limpiadores químicos está bien para ti, no hay problema. Si no, usa nuestros limpiadores naturales y ayudas a proteger nuestro medio ambiente."

- "Si poner químicos dentro de la boca de tus hijos dos veces por día cuando cepillan sus dientes está bien para ti, genial. Si no, cambia a nuestra pasta dental natural."

- "Si estás resignado a precios altísimos de electricidad, está bien. Si no, hagamos algo con tu recibo ahora para hacerlo más pequeño."

- "Si pagar esas caras fragancias que se anuncian por todas partes está bien para ti, no hay problema. Si no, prueba estas fragancias concentradas para obtener mayor valor por tu dinero."

- "Si enviar una tarjeta genérica de agradecimiento se siente especial para ti, no hay problema. Si no, envía una tarjeta personalizada por la mitad del precio."

- "Si estás de acuerdo con pasar hambre y resistir las fantasías de rosquillas cada mañana, genial. Si no, prueba desayunar nuestra malteada alta en proteínas y siéntete satisfecho hasta la comida."

- "Si caes dormido todas las tardes a las 7pm y no te avergüenza, genial. Si no, reconstruye tu cuerpo con nuestros súper suplementos."

- "Si mirar por la ventanilla del auto, o sentarse en el parque es tu tipo de vacaciones familiares, no hay problema. Si no, dale un vistazo a nuestras vacaciones de lujo 'memorias familiares.'"

- "Si un cabello que luce sin vida va con tu imagen, está bien. Si no, usa nuestro súper acondicionador para hacer que tu cabello luzca 20 años más joven."

- "Si cerrar la puerta con llave antes de que lleguen los nietos es normal, no hay problema. Si no, toma nuestra bebida energética sabor moras cuando los escuches entrar."

- "Si tu dieta actual te funciona, genial. Si no, reactiva el metabolismo de tu cuerpo una ocasión, y mantente libre de grasa con nuestro sistema de dieta."

- "Si tienes tiempo para mirarte en el espejo aplicando maquillaje 20 minutos por día, genial. Si no, usa nuestra paleta de tonos coordinados y ahorra tiempo."

- "Si pagar altas tarifas de telefonía móvil no te incomoda, sigue así. Si no, déjame ponerte en un plan de calidad que cobra menos."

- "Si estás de acuerdo con pestañas postizas desaliñadas, genial. Si no, haz que tus propias pestañas luzcan asombrosas con nuestra mascara fortificada."

- "Si beber agua sin filtrar es aceptable para tu familia, está bien. Si no, instala nuestro sistema de filtros de bajo costo en tu cocina."

¿Listo para usar esta fórmula? Las personas amarán la simplicidad y la facilidad para comprender las opciones. Nosotros disfrutaremos clasificando clientes potenciales rápidamente en una manera que es amable y libre de rechazo.

PALABRAS QUE MATAN.

No queremos que nuestros clientes potenciales activen sus alarmas contra vendedores. Cuando lucimos como vendedor, actuamos como vendedor, y hablamos como vendedor, ellos inmediatamente levantan sus barreras.

No sólo activan sus alarmas contra vendedores, también hacen lo siguiente:

- Comienzan a sentir negatividad sobre todo lo que decimos.
- Se muestran escépticos de nuestros datos y beneficios.
- Sienten que todo lo que decimos es demasiado bueno para ser verdad.
- Sienten que tenemos motivos ocultos sólo para venderles algo.
- Temen que sólo estemos tratando de sacarles dinero.
- Recuerdan que sus padres les dijeron que los vendedores siempre mienten.
- Quieren cerrar su mente y cuidar su dinero.
- Comienzan a sentir que no somos dignos de confianza.
- Se asustan debido a que no quieren cambiar.

Oh vaya, las cosas no se pueden poner peores. No queremos que las personas piensen de esta forma. Queremos que las personas tengan mentes abiertas para que puedan escuchar nuestro mensaje. Si nuestros clientes potenciales escuchan nuestro mensaje, pueden determinar si nuestro mensaje les sirve o no. No tenemos que ser vendedores, y no tenemos que manipular su decisión.

Todo lo que debemos hacer es entregar nuestro mensaje de una manera que llegue al interior de su cabeza. Luego, pueden decidir si nuestra oferta les servirá o no.

Desafortunadamente, hacemos cosas que sabotean este plan. Así que, comencemos y veamos qué es lo que hacemos que hace que la otra persona piense: "¡Vendedor!"

#1. Lucimos y actuamos como vendedor.

Imagina que nuestra nieta estuviese planeando su boda. Telefoneamos a nuestros vecinos para invitarlos a la boda. Decimos: –Quiero verte para conversar. ¿Cuándo es buen momento? Dame 30 minutos.

Nuestros vecinos responden: –¿De qué se trata?

Nosotros respondemos: –No te puedo decir. Tenemos que hablar en persona y mostrarte esto.

¿Qué están pensando nuestro vecinos? Algo huele mal. No es así como normalmente hablamos. Sienten que se aproxima una presentación de ventas.

Si quisiéramos invitarlos a la boda de nuestra nieta, y nos preguntan el motivo de nuestra visita, ¿qué responderíamos como personas normales? Una persona normal diría:

–Quiero platicarte de la boda de mi nieta, quiero invitarte para que nos acompañes.

La aproximación de "misterio" y negarnos a dar más detalles, suena muy raro.

Pero podemos empeorar todavía.

Cuando llegamos a la casa de nuestro vecino, insistimos en que miren un video de todos los beneficios de asistir a la boda de nuestra nieta. Luego les mostramos algunos folletos. Intentamos algunos cierres de prueba. Leemos testimonios de otras personas que han asistido a otras bodas. Y finalmente, sacamos un panfleto que resume los beneficios de asistir a la boda de nuestra nieta.

¿Raro?

¡Bastante!

Así no es como hablamos con nuestros amigos. Así no es como le presentamos nuevas ideas a nuestras amistades.

¿Mostrar panfletos, cargar trípticos, muestras, y obligar a nuestros vecinos a mirar un video activarán sus alarmas contra vendedores? Claro.

Sólo podemos empeorar esto al presionar y obligar a nuestros vecinos a comprometerse a asistir a la boda de nuestra nieta.

#2. Sonamos como vendedor.

¿Quieres activar la alarma contra vendedores aún más rápido? Sólo usa "palabras de vendedor." Ciertas palabras le dirán a nuestra audiencia que estamos tratando de venderles, en lugar de entregar un mensaje que tenga valor. Todos conocen estas palabras. Demos un vistazo a algunas de estas palabras ahora.

"Innovador." Cuando decimos, "Te tengo un producto innovador," estamos acabados. Así es como hablan los vendedores. Si alguien usa la palabra "innovador," sabemos que nos quieren vender. Escucha esta oración: "Nuestra compañía ha desarrollado un innovador producto que…" ¿Sentiste la alarma contra vendedores?

"Único." Nunca le decimos a nuestros amigos, "Miré una película única." Productos y servicios "únicos," de eso hablan los vendedores.

"Avalado y recomendado por una estrella de cine desempleada." Hmmm. ¿Qué es lo que realmente sabe esta estrella de cine sobre el producto?

"Calidad superior." Caramba, suena como que me quieres vender algo caro.

"Marca de fábrica, patentado, con derechos de autor." ¿Así es como describiríamos un nuevo cereal que compramos en el supermercado? No lo creo. De nuevo, nuestro escucha piensa, "Oh-oh, aquí viene el guión de venta."

"Revolucionario." ¿Qué es lo que sientes cuando escuchas esto? "Tenemos un revolucionario nuevo sistema que…" ¿Suena como a guión de ventas?

"Nunca antes se ha hecho." Activa el filtro de escepticismo.

"Cambiamos el juego." ¿Tu compañía de redes inventó el agua potable, FedEx, Internet? Probablemente no.

"Más impresionante." Sensacionalismo... suena como vendedor.

Podríamos mostrar muchos más ejemplos aquí, pero ya tienes la idea. Decimos cosas tales como, "Este increíble producto milagroso nunca antes visto, fue formulado personalmente por nuestro científico que casi gana el Premio Pulitzer y formó parte del equipo que descubrió algo asombroso hace varios años."

Suena bien para nosotros, pero nuestros escuchas están girando sus cabezas lado a lado, "No."

#3. Sólo hablamos de nuestros productos en lugar de lo que los productos le pueden hacer a nuestros clientes.

Para evitar sonar como vendedores, aquí está un principio que deberíamos recordar.

Los vendedores sólo hablan sobre sus productos. Hablan de los miligramos de los componentes en las vitaminas. Describen cómo este producto para el cutis penetra 1,600 capas de piel. Describen el motor único de reservaciones que usa el servicio de viajes para obtener descuentos en habitaciones de hotel.

Los vendedores describen **qué** es el producto o servicio.

No queremos sonar así.

¿Entonces qué deberíamos decir? ¿Cómo podemos evitar hablar sobre nuestros productos?

En lugar de describir nuestros productos, describiremos

lo que nuestros producto hacen. Describiremos la experiencia que nuestro interlocutor quiere.

¿Y no es eso lo que realmente quieren escuchar? No solo quieren nuestros productos, quieren lo que nuestros productos pueden hacer por ellos.

Veamos un ejemplo que ilustra este punto.

Viaja con descuentos.

Vendedor: –Cuando haces tu reservación a través de nuestro motor de búsqueda en línea, le enviamos una solicitud a los 32 motores de búsqueda más populares de la competencia y agregamos sus resultados. A través de nuestro poder de compra masivo, negociamos las tarifas y comisiones más bajas, para que podamos ofrecerte estos ahorros.

Auch.

Sí, todo lo que el vendedor dijo es verdad. Pero debido a que solamente describió su maravilloso producto, su audiencia sintió las alarmas contra vendedores sonando.

Ahora veamos un acercamiento diferente. Simplemente describiremos el mejor beneficio para nuestros escuchas.

Nosotros: –Cuando uses nuestro servicio de viajes, llegarás a tu hotel elegido. Cuando hagan tu registro, notarás que tu recibo es unos $85 menos de lo que esperabas. Así que, decides usar esos ahorros para salir y tener una deliciosa cena con tu esposa.

Nuestros escuchas pueden ver esta película en sus mentes. Visualizan llevar a su esposa a un buen restaurante sin salir del presupuesto de las vacaciones.

¿Está sonando la alarma de vendedores en nuestra audiencia? No. Están pensando en esa cena, una botella de vino, o su comida favorita.

¿La diferencia?

En el primer ejemplo, la audiencia resistió la oferta del vendedor.

En el segundo ejemplo, nuestra audiencia visualizó lo que nuestros productos pueden hacer por ellos.

¿Qué acercamiento piensas que tendrá más éxito?

Apliquemos este concepto a algunos productos para que podamos practicar con este principio.

Nutrición.

Vendedor: "Tenemos los derechos exclusivos de esta fórmula patentada con el ingrediente principal que se encuentra 300 metros debajo de un volcán activo que es cosechado por demonios de Tasmania. Más de 200 estudios diferentes demuestran que este es el mineral más poderoso y único conocido para la civilización. Esto nunca antes se había hecho... y somos la única compañía que tendrá este producto único en su tipo. Esta es la siguiente ola."

Grrr. Podemos hacerlo mejor.

Nosotros: "Cuando tomes nuestras vitaminas, no te preocuparás por el 'bajón' de energía después de las 2pm. En vez de eso, tú te sentirás con ganas de terminar rápidamente tus trabajos y proyectos. ¿Por qué? Para que puedas ir temprano a casa y divertirte con tu familia. La vida es mucho mejor cuando tenemos más energía."

Los clientes potenciales son más sensibles a sus resultados que a nuestros reportes técnicos de ingredientes.

Servicios.

Vendedor: "Con las recientes reformas energéticas en el área, el potencial es gigantesco. Nuestra compañía compra electricidad al por mayor al monitorear las fluctuaciones de precios, parecido al mercado de valores. Puesto que la gerencia tiene una experiencia combinada de 400 años en el ramo de la energía, son unos genios. Los ahorros que crean son pasados a los clientes."

Si, suena como que alguien quiere vendernos algo. Probemos a nuestra manera.

Nosotros: "Si quieres un recibo de electricidad más bajo, simplemente llena esta forma en nuestra página web. Nada cambiará excepto que recibirás un recibo más bajo. Mientras tu marido llena el formato, cuéntame qué planeas hacer con los $40 extras que vas a tener cada mes?"

Cuidado del cutis.

Vendedor: "Descubrimos el secreto oculto de la eterna juventud. Es como poner el calendario en reversa para tu piel. Las celebridades de Hollywood pagan decenas de miles de dólares por el producto de la competencia, pero nuestra compañía decidió traer esta joya secreta a nosotros los mortales. Imagina poseer un producto hecho para los ricos y famosos por una fracción del costo."

Bueno, este vendedor es un poco mejor, pero aún así no es competencia para nosotros. Nosotros le hablaremos a nuestros clientes potenciales como personas reales. Probemos con esto.

Nosotros: "Detestamos escuchar cómo nuestra piel se arruga mientras dormimos. Esta crema anti edad detiene las arrugas. Punto. Quería que supieras que puedes enamorarte de nuestra crema, o puedes enamorarte de tus arrugas."

Productos de dieta.

Vendedor: "La fórmula mágica patentada más rápida, más segura y más emocionante que ataca las áreas grasas más problemáticas y las convierte en músculo gracias a su estratégica sinergia al trabajar con la computadora metabólica dentro de tu cerebro para re-entrenar tu mente y enviarla de vuelta a la era Paleolítica donde todos estábamos delgados."

¿Qué?

Este vendedor asistió a muchas juntas de ventas. Todas esas fabulosas frases significan algo para él, pero son difusas para el resto de nosotros.

¿Podemos encontrar una mejor manera de comunicarnos?

Nosotros: "Toma este producto y ve a buscar tus jeans ajustados."

Así es como habla la gente real. Directo y al punto. Cuando describimos lo que nuestros productos hacen para nuestros compradores, no tendrán que descifrar si nuestros productos les servirán o no.

Cosméticos.

Vendedor: "La estructura molecular de nuestro producto no sólo alimenta nutrientes a tu piel con su tecnología bio-activa, sino que asiste en la comunicación celular para crear un tono natural adecuado para todos los tipos de piel. Esto le permite a nuestra base y colores coordinar con la pigmentación natural de la piel. Además, tiene todos los 2,000 minerales esenciales y ganó un reconocimiento en algún lugar."

Nosotros: "La mayoría de las mujeres no quiere verse como que salió de la Escuela de Maquillaje para Circo. Les encantan nuestros colores coordinados. Se ven como un millón de dólares cuando salen de casa."

Está bien, tenemos el punto. En lugar de hablar sobre lo que el producto **es** (y activar la alarma contra vendedores)… hablaremos sobre lo que nuestro producto **hace** para nuestros clientes.

¿Qué tal si…?

¿Pero qué tal si olvidamos todo y comenzamos a hablar como vendedores? ¿Qué tal si usamos palabras grandes, términos complicados, y la típica jerga de la industria?

Sucede. La solución rápida es practicar la frase "significa que." Tan pronto cuando nos atrapamos a nosotros mismos hablando como vendedor, usamos las palabras "significa que" para explicar lo que estamos tratando de decir. Algunos ejemplos.

"Todo natural y orgánico… significa que no comerás

químicos en nuestras barras energéticas."

"Tarifa inteligente… significa que cada mes buscamos la mejor tarifa para garantizar tus ahorros."

"Tecnología de transferencia quelada… significa que nuestros nutrientes se quedan en tu cuerpo, no en el inodoro."

"Transferencia iónica de absorción dermal… lo que significa que nuestra crema penetra tu piel, no sólo se queda en la superficie."

"Oh, es por eso."

Cuando hablamos con alguien, y ellos deciden cambiar el tema y lentamente retroceder, ahora sabemos por qué. Activamos la alarma contra vendedores.

Tal vez comenzamos nuestra conversación diciendo: –Soy consultor de salud y bienestar con trasfondo como coach de vida, enfocado en ayudar a otros a auto-actualizar su estado de bienestar perfecto con tecnologías propias y patentadas de metodologías mente-sobre-materia mientras intensifican su eficiencia mitocondrial.

¡Esta frase de apertura haría que cualquiera se diera vuelta!

Las personas reaccionan ante nosotros y lo que decimos. Si todos cambian el tema o se excusan amablemente de nuestra conversación, es una pista. Debemos cambiar.

¿Y luego qué?

Si alguien nos pregunta más detalles (lo que significa

que hicimos bien con nuestra frase de apertura), queremos continuar hablando como persona normal. Usando palabras ordinarias y hablando sobre cómo nuestros productos benefician a las personas.

Directo. Honesto. Simple.

LAS PERSONAS REALMENTE NO QUIEREN COMPRAR COSAS.

Quieren conservar su dinero.

Sin embargo, las personas están felices de invertir en productos que les den las experiencias que quieren.

Digamos que cuesta $20 ir al cine. Cambiamos nuestros $20 por 90 minutos de entretenimiento. Podemos esperar tres meses y ver la misma película en la pantalla de nuestra televisión por mucho menos. Pero, no nos preocupamos por el precio. Estamos invirtiendo en una experiencia de sonido envolvente y una pantalla gigante. Y las palomitas son deliciosas, además.

Los adolescentes están felices de invertir $100 para una experiencia en un concierto de su banda favorita. Eso parece mucho dinero por dos horas de entretenimiento. Pero, las memorias de ese concierto pueden durar toda la vida.

Los corredores invertirán $300 por un par de tenis premium para correr. Sí, pueden comprar calzado por menos. Pero invierten cantidades enormes de dinero en tenis por calidad, confort e imagen.

¿Las personas invierten dinero en una experiencia de un vino fino? Algunas veces invierten tres o cuatro veces el costo de una botella de vino para experimentarla en un restaurante elegante.

¿Qué hay de experiencias de comida gourmet? Ciertamente la comida rápida cuesta menos. Aún así la mayoría de las personas pagará más por comida de alta calidad y una mejor experiencia para cenar. Sí, una vajilla y cubiertos de plata son mejores que las envolturas de papel y los dedos.

El supermercado local puede vender cosméticos y productos para el cutis en oferta. Aún así, muchas mujeres invierten en tratamientos de spa y productos de lujo para el cutis por que quieren una mejor experiencia.

¿Todos conducen el auto más barato? Por supuesto que no. Invertimos en una mejor experiencia al conducir, o invertimos en un auto que refleje una mejor imagen.

¿Nuestros jóvenes quieren ropa de marcas reconocidas para ganar estatus entre sus amistades, o ropa genérica que cuesta menos? Si los padres la están pagando, ¡exigirán ropa de marca!

El precio del agua embotellada es premium. Y aún así... ¡sigue siendo agua!

La experiencia es más importante que el precio.

¿Qué tal si nuestro escucha nos dice esto?: –Estos productos cuestan mucho dinero.

¿Qué están diciendo realmente?

Nos están diciendo que no ven el valor en nuestra oferta. No es cuestión de precio, es cuestión de percibir valor. Quieren una mejor experiencia.

Descontar el precio de un producto que nadie quiere no solucionará el problema.

Si las personas perciben que nuestros productos son aburridos, sin uso, difíciles de usar, etc., debemos saltar esos obstáculos primero.

El precio no es el asunto. Si así fuera, nadie compraría autos de lujo. Nadie compraría joyería costosa. Todos comprarían los zapatos más baratos que encuentren.

Compramos basados en valor y obtener la experiencia que queremos.

¿Creando valor?

El primer paso para crear valor es hablar sobre la experiencia final o el resultado final, no sobre lo que el producto es. ¿Algunos ejemplos?

Aspiradoras.

Podríamos hablar de su potente motor con calidad de motosierra. Podríamos mostrar las gráficas que ilustran el poder de succión por centímetro cuadrado. Podríamos mostrar como levanta una bola de bolos de 7 kg. ¿Y qué tal agregar la biografía del fundador de la empresa, los seis años de garantía, la bolsa para polvo patentada, y el sello de respaldo de la Asociación Internacional de Aspiradoras?

¿Es lo que las personas quieren escuchar?

¡No! Quieren una casa limpia. Quieren que su casa esté libre de partículas de polvo en el aire. Quieren que sus alfombras estén limpias para que sus bebés puedan gatear encima.

Si vendemos aspiradoras, debemos describir la experiencia final para nuestros clientes potenciales. Describiríamos la casa limpia y el sentimiento de seguridad mientras sus bebés gatean en el piso.

Nutrición.

Por supuesto que evitaríamos palabras como innovador, revolucionario, único, científicamente comprobado, y patentado. Estas palabras no crean valor en la mente de nuestros escuchas, en lugar de eso, activan la "alarma contra vendedores." Estas palabras sólo describen el producto.

En lugar de eso, podemos describir la experiencia. La experiencia podría ser la tranquilidad de tomar una tableta por la mañana y sentirnos seguros de la nutrición que estamos recibiendo. O podríamos describir el sentimiento de despertar en la mañana sintiéndonos como de 16 años de nuevo, pero con mejor juicio. ¿Qué tal describir el sentimiento de saber que le hemos dado a nuestros hijos la nutrición básica que necesitan para mantenerse sanos?

Cuidado de la piel.

¿A las personas les importa cómo nuestro producto penetra 17,000 capas de piel? ¿O que podemos inflar el tamaño de una célula individual con humectación extra?

¿O que nuestros científicos investigadores recibieron un galardón de alguien, en algún lugar, hace algún tiempo? Por supuesto que no.

¿Qué les importa a las personas? Quieren verse bien. Lucir más jóvenes. Prevenir arrugas. Eliminar las arrugas existentes. Que su piel se sienta joven y saludable en lugar de reseca y maltratada. Quieren que las personas les digan "Wow. Tu piel luce hermosa y saludable." Y, quieren evitar que las personas les digan, "Oh disculpa, pensé que eras su mamá, no su hermana."

Bueno, tal vez exageramos un poco.

Productos naturales de limpieza.

¿Qué hay de los productos naturales de limpieza? ¿Las personas se interesan realmente por los ingredientes individuales? ¿Quieren ver un video de nuestro proceso de manufactura? ¿Están interesados en leer nuestro tríptico repleto de palabras vagas como calidad, cometido, respeto por nuestro ambiente, y pureza? ¡No!

Nuestros clientes potenciales quieren un hogar limpio sin químicos. Quieren crear un ambiente para sus hijos que sea libre de residuos químicos. Quieren sentirse bien sobre su contribución al planeta.

Servicios de viajes.

¿A las personas les importa la tecnología de nuestra computadora especial que hace búsquedas de precios bajos? ¿Les impresiona que el fundador de la empresa ame viajar? ¿Les importan las asociaciones o consorcios a los que pertenece nuestra empresa? ¡No!

Quieren escuchar sobre su futura experiencia de viajes. Quieren sentir la emoción de pagar menos que el vecino. Quieren soñar con esas vacaciones especiales con la familia que recordarán por siempre. Quieren verse a ellos mismos de camino al aeropuerto hacia esas vacaciones de ensueño.

Nuestros escuchas se visualizarán a sí mismos tomando selfiesen la cima de Machu Picchu. O riéndose de su jefe mientras disfrutan un crucero en el Caribe. Quieren sentir la anticipación de ese viaje especial para reemplazar el aburrimiento de pasar dos semanas en casa de los suegros.

Quieren escuchar sobre su experiencia, no nuestros productos.

¿Estamos comenzando a comprender lo que las personas quieren? No quieren saber lo que vendemos, o incluso cómo funciona. Quieren saber, "Si invierto mi dinero, obtendré la experiencia que quiero?"

El precio es secundario a la experiencia que quieren. Así que cuando escuchamos quejas sobre el costo, eso debería ser un recordatorio de que hablamos sobre las cosas equivocadas. Todos están deseosos de invertir más dinero, casi siempre, para conseguir la experiencia que desean.

Mantenlo simple.

Los humanos en ocasiones evitamos soluciones simples debido a que pensamos que las soluciones complicadas son mejores. No nos tomamos el tiempo de ver lo obvio.

Hay una popular historia en internet que dice así:

Sherlock Holmes y el Dr. Watson fueron a acampar al bosque. Mientras estaban acostados en la noche, su conversación derivó a:

Holmes: –Watson, mire al cielo y dígame lo que ve.

Watson: –Veo millones y millones de estrellas.

Holmes: –¿Y qué le dice eso?

Watson: –Astronómicamente, me dice que hay millones de galaxias y potencialmente billones de planetas. Teológicamente, me dice que Dios es grande y nosotros somos pequeños. Meteorológicamente, me dice que tendremos un bello día mañana… ¿Que le dice a usted?

Holmes: –Serás zopenco Watson. ¡Nos robaron la tienda!

◇◇◇◇

¿Cómo se aplica esto a nuestras vidas como empresarios de redes de mercadeo? Bien, tú sabes cómo hacemos las cosas más complicadas. Demasiada información y demasiadas opciones arruinarán nuestras oportunidades para venderle a nuestros clientes. No tienen tiempo para nuestras largas presentaciones.

Veamos un ejemplo común de cómo hacemos confusas las opciones. Imagina un representante anónimo de una compañía de nutrición, quien está visitando a un cliente potencial por primera vez.

Conversación de muestra…

–Hola Bill, ¿cómo te has sentido estos días?

–Eh, no mal, mi asma me ataca un poco con todo el polen en el aire, y tuve un poco de esa fiebre que anda por ahí.

–¡Ah-ha! Eso es por que tu consumo de Proantocianidina está abajo de la dosis diaria recomendada por el equipo de expertos del Instituto Australiano del Deporte para personas de tu altura, peso y color de piel.

–¿Qué?

–Tú sabes, la porción antioxidante de tu dieta está producida sintéticamente, y está trabajando contra todos los otros nutrientes que se están apretujando a través de tus vasos sanguíneos arterioesclerosizados y el revestimiento de la mucosa de los pulmones está siendo abrumado por las partículas de polvo ionizado que crean una constricción bronquiolar que conduce a la falta de aire y, eventualmente, la muerte.

–¿Cómo dijiste?

–Pienso que estás próximo a morir por que es obvio que no has visto la última entrega del Doctor X sobre la importancia de combinar los co-factores de resonancia de la vitamina 13 con los extractos botánicos del cactus espinoso, el cual es centrifugado al vacío para producir el súper-alimento de más alta calidad contra radicales libres, cáncer, limpia colon, enriquecido con lactobacilos del lago de las Montañas Azules, que ha sido bendecido por los 17 monjes de las islas de Owba-Owba, el cual está probado en el cuádruple estudio a ciegas que muestra que todos vamos a morir pronto si no tomamos las tabletas que traigo aquí en mi maleta. ¿Estás interesado en comprarlas al menudeo, o te muestro cómo puedes comprarlas a precio de mayoreo?

–Emmm, tengo problema para entenderte. ¿Me lo puedes explicar de nuevo?

(Nota: nada de lo anterior se puede usar como consejo para asuntos médicos, por favor. Es sólo una ilustración.)

◇◇◇◇

¿Excesivo?

Nuestro ejemplo es una exageración, pero tenemos el punto. La mayoría de las personas está tratando muy duro de ser expertos. Pasan interminables horas estudiando productos, investigando y mirando videos. ¡Pero los clientes no están interesados en eso! Sólo se interesan en sus resultados.

Conocer la estructura molecular de los ingredientes en nuestros productos no es la receta secreta para vender.

Ser capaz de mirar a alguien a los ojos con un deseo sincero de impactar y mejorar su vida… funciona.

El reto es que la mayoría de los empresarios de redes tiene demasiado miedo de mirar a las personas a los ojos. Así que les muestran gráficas, folletos y estudios de investigación.

Una conversación normal, simple y clara es lo que nuestros escuchas quieren.

Aquí está la
Historia corta.

Algunas veces las personas se alejan, cruzan sus brazos, y ruedan los ojos. Hacen preguntas embarazosas y levantan objeciones. O, algunas personas a veces son tan escépticas como para incluso escuchar una presentación. Estas nos son buenas señales. ¿Entonces qué podemos hacer?

Cuando recibimos retroalimentación negativa, aquí está una simple frase que ayuda:

"Esta es la historia corta."

Esta pequeña frase desarma a nuestros escuchas. Sienten que nuestro mensaje será muy corto, al punto, sin trucos de ventas o técnicas de cierre con demasiada presión.

¿Qué tan larga debería de ser nuestra historia corta?

Debe de ser tan corta como sea posible. Sólo tenemos una pequeña ventana de oportunidad. Las personas no serán pacientes con nosotros por mucho tiempo. Así que entre más corta podamos hacer nuestra historia, mejor.

Si planeamos bien, nos asombraremos con cuanto podemos empacar en una historia de 10 o 15 segundos.

En nuestra pequeña historia, la otra persona escuchará el resumen de nuestra oferta. Esto es todo lo que necesitan para tomar una decisión. Al final de nuestra corta historia, si la respuesta es "No," entonces terminamos. Y si les gusta nuestra oferta, preguntarán por más información si la necesitan.

Recuerda, las historias cortas son sumarios. No tenemos que llenarlas de testimoniales, datos, información, cifras, y todas las cosas aburridas que las personas odian.

Ejemplos de historias cortas.

- "Esta es la historia corta. En lugar de rosquillas, tomas esta malteada en el desayuno. Ahora puedes controlar tu peso por el resto de tu vida."

- "Esta es la historia corta. Perderás peso al cambiar lo que tomas en el desayuno."

- "Esta es la historia corta. Misma electricidad, menos factura."

- "Esta es la historia corta. Puedes comer comer 2 kilos de vegetales crudos todos los días, o usar nuestras cápsulas concentradas de vegetales. Adivina qué van a decir tus hijos."

- "Esta es la historia corta. Morir pronto no es conveniente. Deberíamos tener mejor cuidado de nuestros cuerpos. Estos suplementos ayudan a garantizar que tu cuerpo tenga la nutrición básica para la salud."

- "Esta es la historia corta. Tienes que pagar tu factura del móvil. Cuando usas esta tarjeta de crédito en las tiendas o en internet, esos comercios pagarán parte de tu factura. ¿Quieres pagar la factura entera tú sólo? ¿O quieres que todos esos comercios paguen una parte o toda la factura por ti?"

- "Esta es la historia corta. Usa nuestra crema nocturna todas las noches, y no tendrás que escuchar tu piel que se arruga mientras estás acostada."

- "Esta es la historia corta. Esto hace que tu piel deje de arrugarse mientras duermes."

- "Esta es la historia corta. Todo rostro se arruga. Pero podemos retrasar esas arrugas otros 15 años con buenas cremas humectantes."

- "Esta es la historia corta. Puedes perder esas pequeñas arrugas, o puedes conservarlas."

- "Esta es la historia corta. Te levantarás temprano, sintiéndote como millonario. Y, puedes eliminar la aplicación de despertador de tu smartphone."

- "Esta es la historia corta. Sí, tenemos que enviar tarjetas de agradecimiento, de temporadas, de aniversario y demás. Este servicio te lo hace fácil… y más barato."

- "Esta es la historia corta. Limpias tu casa, tallas la ducha y lavas la ropa. Ayuda a nuestro medio ambiente usando limpiadores naturales en lugar de los limpiadores químicos que usas."

- "Esta es la historia corta. Tus hijos cepillan sus dientes dos veces al día. Ni a ti ni a mí nos gusta poner químicos en las bocas de nuestros niños. Usa esta pasta natural mejor."

* "Esta es la historia corta. Bebes café. Y pagas una fortuna en la cafetería local. Este café es mejor para ti, sabe mejor, y cuesta menos. No puedo decir mucho más."

* "Esta es la historia corta. Haces viajes. Hoteles, aerolíneas y rentas de auto se van sumando. Paga menos cuando reserves con nosotros. Usa el dinero que ahorres disfrutando con tu familia."

Revisemos.

#1. Cuando usamos una historia corta, tenemos oportunidad de poner un sumario de nuestra oferta en la cabeza de nuestros escuchas.

#2. Solamente tenemos pocos segundos para hacer esto mientras nuestros escuchas tienen una mente abierta. Así que debemos ser rápidos.

#3. La frase "Esta es la historia corta," ayuda para remover escepticismo.

#4. Y finalmente, la frase nos da confianza. No importa qué tan mala sea la objeción o la pregunta, debemos tener una respuesta que nos permita entregar nuestro mensaje. Esto nos ayuda a entregar nuestro mensaje. Esto ayuda a remover nuestro miedo de hablar con personas.

¿Es esta la única frase para desarmar la resistencia de ventas?

No. Encontraremos más frases "desarmadoras" con la experiencia. Por ejemplo, podríamos decir esto:

"Estoy seguro que tienes muchas preguntas, ¿qué te gustaría saber primero?"

Mismo resultado. Nuestro cliente potencial no se sentirá presionado cuando giremos la conversación hacia ellos.

Vender debería de ser una experiencia placentera para ambas partes.

USA PREGUNTAS ABIERTAS.

La única razón por la que existen los negocios es para resolver los problemas de las personas.

- Si las personas vivieran por siempre, vender vitaminas sería difícil.

- Si las personas nunca se arrugaran, vender cuidados para el cutis sería difícil.

- Si las personas estuvieran en forma, vender productos de dieta sería difícil.

- Si las personas... bueno, tenemos la idea.

Si estamos hablando, ¿cómo vamos a conocer los problemas que tiene la gente? Tendríamos que adivinar.

¿Hay alguna mejor manera? Seguro.

En lugar de adivinar, deberíamos pedirle a las personas que nos digan sus problemas. Las personas están felices de compartir sus sufrimientos con quien sea y con cualquiera.

Aquí es donde los buenos escuchas tienen la ventaja. ¿Recuerdas la ventaja del introvertido?

Aquí hay algunas preguntas abiertas de muestra.

- "¿Qué tipo de resultados estás buscando?"

- "¿Qué tipo de dietas probaste antes?"

- "¿Cuál es el reto del cutis más grande que tienes?"
- "¿Puedes decirme cuál piensas que sería la vacación perfecta?"
- "¿Por qué no funcionó en tus vacaciones pasadas?"
- "¿Por que te gusta tanto tomar café?"

Entre más hablen, más se darán cuenta de que no quieren sus problemas. Eso es bueno para nosotros.

Debemos resolver sus problemas.

Eso significa no adivinar. Si adivinamos, podríamos terminar diciéndole a nuestro cliente potencial sobre nuestros ahorros en electricidad, ¡cuando todo lo que quería era dormir mejor!

No podemos resolver problemas a menos que sepamos cuáles son los problemas.

Tienes que amar las galletas de las Niñas Exploradoras.

Por más de 100 años, la organización de Niñas Exploradoras le ha enseñado a las niñas habilidades asombrosas de venta. Estas pequeñas aprenden:

- Cómo encontrar clientes.
- Cómo usar líneas de apertura efectivas.
- Técnicas de seguimiento.
- Cómo pedir la venta.
- Cierres.

Una educación de mercadeo genial para una niña de nueve años, ¿no?

También aprenden importantes habilidades de negocio tales como:

- No todo el dinero que recolectas es ganancia. Esas galletas no son gratis.
- Un porcentaje de las ventas se va a eventos nacionales y regionales.
- Y sí, y un porcentaje pequeño va para la tropa local.

Y aún mejor, las niñas exploradoras también aprenden:

- Planeación.
- Calendarización.
- Trabajo en equipo.
- Finanzas.
- Organización.
- Comunicación.
- Y mucho mucho más.

En lugar de ganar comisiones, las niñas reciben reconocimiento y obsequios como incentivo.

Aquí están las tres principales maneras en que las niñas venden sus galletas.

Método #1. De puerta a puerta.

Las niñas caminan alrededor del vecindario, esperando que haya gente en casa, esperando que respondan a la puerta, para darles su guión de ventas. Toman la orden del vecino, regresan unas semanas después, esperando que su vecinos esté en casa, entregan las galletas y reciben el dinero.

¿Efectivo? Sí. Las personas se sienten obligadas a comprar galletas de Niña Exploradora por que... alguien se los pidió.

Muchas personas se convertirían en nuestros clientes si se los pidiéramos. Sin embargo, prejuzgamos a las personas. Algunas ocasiones nuestro diálogo interno dice: "Oh, no estarían interesados" así que nunca preguntamos. Y estas personas nunca tienen la oportunidad de apoyarnos, o recibir los beneficios de nuestros productos.

Pero hay otro secreto trabajando aquí.

Hace muchos años, una niña vendió una increíble cantidad de galletas. Sus ventas superaron por mucho las ventas de las demás niñas. Alguien quería encontrar el secreto y se entrevistó con ella.

Le preguntó: −¿Y cuál es tu secreto para vender todas esas galletas?

Ella respondió: −No lo sé. No hago nada especial.

Él continuó: −Bueno, debes de estar haciendo algo muy especial. Vendiste más galletas que nadie más. ¿Tienes un guión de venta especial? ¿Una línea de apertura secreta?

Ella contestó: −No lo creo.

Él continuó: −Bien, cuando llegas a una puerta, ¿qué dices cuando alguien responde a la puerta?

Ella respondió: −¿Quiere comprar galletas de las Niñas Exploradoras?

Él continuó: −¿Eso es todo? ¡¿Nada más?! Bueno, ¿entonces qué dices cuando alguien dice que "No"?

Ella respondió: −Ohh. Si me dicen que no, ¡le pregunto a alguien más!

Y este era su secreto. Ella solo le preguntaba a alguien más.

¿Cuantas ocasiones alguien nos ha dicho "No" y dejamos de preguntarle a todos los demás?

Tal vez demasiadas.

Esta Niña Exploradora sabía que no todos quieren galletas hoy. Pero también sabía que muchas personas quieren galletas hoy. Todo lo que tenía que hacer era preguntar a suficientes personas para encontrar a los compradores de galletas.

Método #2: Usa a tus padres.

Las Niñas Exploradoras salen de su mercado caliente. ¿Cómo?

Hacen que sus padres encuentren nuevos clientes y les ayuden a vender. Saben que otras personas quieren apoyarlas y promoverlas, y sus padres deberían estar al tope de esa lista.

Así que las Niñas Exploradoras le dan a sus padres la orden de galletas para llevar a la oficina. Instruyen a sus padres para usar la venta suave. Las niñas dicen:

–Pregúntale a tus amigos del trabajo si les gustaría apoyar a tu hija en las Niñas Exploradoras. De todas formas comen galletas así que, ¿por qué no comprar algunas galletas de Niña Exploradora y ayudar al mundo a ser un mejor lugar? ¿Quién se puede resistir? Y luego diles que no tienen que pagar ahora. Pueden ordenar todas las galletas que quieran para ellos y sus amigos. Luego, pueden pagarme cuando vaya a la oficina a entregar las galletas.

Sí, todas ellas le dicen a sus padres exactamente qué decir y exactamente qué hacer.

¿Cuántas personas conocemos que nos apoyarían y promoverían nuestros productos con otros?

Bien, si somos cliente frecuente en el restaurante local, el personal le podría entregar un folleto sobre nuestros productos a algunos otros clientes. ¿O qué tal si promovemos activamente una organización de caridad local? Muchos de nuestros co-promotores dirían, "Hey, prefiero comprar estos productos contigo que de un competidor que no conozco."

A las personas les gusta sentirse necesitadas. Les gusta ayudar a otros. ¿Por qué no darles la oportunidad de pasar la voz sobre nuestros productos?

Método #3: Colocar un puesto o una mesa.

Muchos comercios le permiten a las Niñas Exploradoras vender galletas fuera de su puerta. Quieren mostrarle a los clientes que apoyan los esfuerzos locales para recaudar fondos.

Ahora, las tiendas locales probablemente no nos permitan colocar una mesa, pero podemos colocar un muestrario o una mesa en muchos mercados, ferias, y eventos de redes.

Aquí está la ventaja de este método. Conocemos personas que tal vez quieran lo que vendemos. Cuando creamos un cliente con este método, buenas cosas suceden. Primero, esto no tiene que ser una venta de una ocasión. Tenemos el potencial de crear un cliente de por vida. Ahora, eso es mucho ingreso residual. Toma el tiempo de calcular cuánto podríamos ganar si este nuevo cliente sigue haciendo ordenes mensuales por un año, cinco años, o por toda la vida. ¡Vaya!

No es la comisión de una venta lo que buscamos. ¡Queremos crear un cliente de por vida! Un buen cliente podría "hacernos el día."

También, piensa en todas las personas que este nuevo cliente conoce. Cuando nuestros nuevos clientes tienen una experiencia genial con un producto, lo platican. Las personas platican sobre los buenos tratos que obtuvieron y sus buenas experiencias. Esto nos podría dirigir a nuevos clientes, o incluso a nuevos miembros del equipo.

Sí, salir de nuestro mercado caliente abre nuevas posibilidades para nuestro negocio. Emocionante, ¿no es así?

Aquí está lo que hizo nuestra pequeña Niña Exploradora.

Nuestra pequeña Ella adora a las Niñas Exploradoras, y ama vender galletas de Niñas Exploradoras aún más. Se está convirtiendo en una gran emprendedora. Además, ha dominado el arte del trabajo más listo en lugar del más duro.

En lugar de los tres métodos tradicionales, Ella usó el apalancamiento para impulsar sus ventas de galletas.

Primero, cuando Ella recibió su hoja de pedidos, sólo faltaba un día para nuestras vacaciones familiares. Así que le envió un correo electrónico a cada contacto en su lista para notificarles que estaba "lista para tomar sus pedidos." Sin costo, sin vender de puerta en puerta, rápido y fácil, y libre de rechazo.

Ella vendió unos cientos de cajas notificando a sus contactos. Nota cómo ella no les vendió el delicioso sabor de las galletas ni los ingredientes de la receta. Todo lo que hizo fue notificarles que estaba "lista para sus pedidos." Sus contactos no se sintieron presionados ni acorralados. Sin embargo, eran libres de ordenar algunas galletas si deseaban apoyarla a ella y a su tropa.

Después, Ella fue con nuestro vecino extrovertido y súper social. Le preguntó si podía pasar la hoja de pedidos con sus amigos y compañeros de trabajo. ¿Adivina qué es lo que le toca hacer? Sí, esto le dio todavía otra razón para hablar, y hablar, y hablar... su cosa favorita de hacer. Esto es una situación ganar-ganar.

¿Podemos apalancar nuestros esfuerzos notificando a nuestros contactos súper especiales? Por supuesto. Quieren nuevas ideas y temas para conversar con sus amigos. ¿Por qué no crear una situación ganar-ganar con ellos para promover nuestros productos?

A continuación, Ella pensó por adelantado. Seguramente será muy buena diseñando planes de acción en su futuro papel de ejecutiva. :)

Esto fue lo que hizo.

Para resaltar, colocó una simple nota de agradecimiento en todas las ordenes. Su nota estaba escrita a mano y personalizada. Además, agregó su fotografía. A las personas no les gusta tirar fotografías. Ella creó un lazo con sus clientes.

Ella dice: –Me recordarán el año siguiente. Además, los visitaré de nuevo este año si tenemos otro evento de recaudación en la tropa.

¿Podríamos hacer lo mismo? No nos toma mucho tiempo crear un lazo con nuestros clientes. Una pequeña nota personalizada, una tarjeta de agradecimiento, o recordarlos en su cumpleaños. Ahora es más fácil hacer seguimiento y hablar sobre productos adicionales o conseguir referidos.

PRACTICA PALABRAS DESCRIPTIVAS... ANTES DE HABLAR.

No hay nada peor que alejarnos caminando de un encuentro pensando, "Rayos, ¡debí haber dicho algo mejor!"

¿Cuándo es el mejor momento de aprender mejores palabras para decir? ¿Después de conocer a un genial prospecto para nuestros productos? ¿O después de conocer a un genial prospecto para nuestros productos? La respuesta es obvia.

No tenemos que pensar rápido ni ser muy astutos. En lugar de eso, podemos preparar mejores palabras por adelantado. ¿Sigues preocupado?

¿Qué tal si no somos flamboyantes o energéticos? ¿Qué tal si no sentimos que somos extrovertidos y nunca usamos las manos para comunicarnos? No hay problema.

Podemos aprender a ser la persona más interesante que nuestros clientes potenciales conozcan.

Aquí está el secreto.

Relaciónate con tus escuchas en términos gráficos y pintorescos.

Esta es una manera genial de comunicarnos al hacer que nuestros escuchas vean lo que vemos. Queremos mover el mensaje que está dentro de nuestra cabeza hacia la suya.

Las personas no piensan palabras. Piensan en imágenes.

Si podemos presentar nuestro producto de manera que cree imágenes dentro de la mente de nuestros escuchas, lo pondremos más fácil para que la gente compre.

Cuando menciono el nombre de una estrella de cine famosa, ¿qué es lo que vemos en nuestra mente? ¿Vemos las letras de su nombre que se forman y se ordenan en nuestro cerebro? Por supuesto que no. Vemos en nuestra mente un retrato de esa estrella de cine en alguno de sus personajes.

No pensamos letras ni palabras. Pensamos imágenes.

Cómo transferir información rápidamente.

Si todos con los que hablamos supieran exactamente lo que nosotros sabemos, sería más fácil para ellos el tomar una decisión de "Sí." Todo lo que debemos hacer es transferir toda la información dentro de nuestro cerebro… a su cerebro.

El problema es que nuestros escuchas no se sentarán por tres días mientras les decimos todas nuestras experiencias para que puedan ver exactamente lo que vemos.

¡Pero una imagen vale más que mil palabras!

Ahora, nunca lo he puesto a prueba, podrían ser 983 palabras.

Pero una imagen transfiere información mil veces más rápido. Al usar imágenes, las personas pueden ver lo que vemos. Y eso significa que querrán comprar.

¿Las palabras visuales son complicadas, largas, y difíciles de expresar?

No. Las palabras visuales son fáciles. Las palabras visuales pueden tomar unos pocos segundos o minutos. Aquí hay una fórmula fácil para que puedas crear palabras visuales también:

"Cuando usas nuestro producto esto es lo que sucede...."

Eso es todo. Usa estas palabras para comenzar tu primera frase. Luego describe a tu interlocutor usando nuestros productos y disfrutando de los beneficios.

¿Algunos ejemplos?

Si vendemos productos de dieta, podríamos decir:

"Cuando usas nuestro producto de dieta, esto es lo que sucede. Dentro de una semana te levantas y comienzas a vestirte y te das cuenta –hey, ¡estos pantalones me quedan flojos!– Has perdido una pulgada o dos en la cintura, ¡y no tuviste que hacer dieta!"

Las personas se pueden ver a sí mismas poniéndose sus pantalones por la mañana. Hemos creado una película en sus mentes.

Si vendemos productos para el cuidado del cutis, podríamos decir:

"Cuando usas nuestro producto para el cutis, esto es lo que sucede. Después de enjuagar tu nuevo limpiador, sentirás tu rostro con las yemas de los dedos. Se siente tan suave como la seda."

Nuestros escuchas se visualizarán a ellos mismos sintiendo su nueva piel suave.

Si vendemos servicios básicos, podríamos decir:

"Cuando usas nuestros servicios, esto es lo que sucede. Combinamos tu factura telefónica, tu factura eléctrica, la de gas y la de internet. Cuando abres tu estado de cuenta mensual, todo está ahí dentro en un formato claro y fácil de leer. Además, como sólo te enviaremos una factura, verás nuestro descuento del 5% por 'combinación de facturas' y estarás pagando todavía menos dinero."

Si vendemos servicios de viajes, podríamos decir:

"Cuando usas nuestro servicio de viajes, esto es lo que sucede. Cargas la mini-van para tus vacaciones familiares.

Los niños comienzan a quejarse, '¿Vamos a quedarnos con la abuela otra vez?' Entonces metes la mano a tu bolso y sacas los boletos de avión a... ¡Disney World! Tus hijos dicen, '¡Eres la mejor mamá del mundo!'"

Si vendemos servicios legales, podríamos decir:

"Cuando usas nuestros servicios legales, esto es lo que sucede. Cuando vayas a la corte, te darás cuenta de que eres el único que tiene una sonrisa. Por que sabes que tus derechos están protegidos."

Si vendemos bebidas energéticas, podríamos decir:

"Cuando usas nuestra bebida energética, esto es lo que sucede. Escuchas a los nietos que vienen de visita. Te apresuras al refrigerador y sacas una lata helada de nuestra bebida energética. Diez minutos después, tu humor está genial y estás lleno de energía. Después de 30 minutos, tus nietos se quejan, '¡Abuela, abuela! ¡Mas despacio, nos dejas atrás!'"

Si vendemos filtros de agua, podríamos decir:

"Cuando usas nuestros filtros de agua, esto es lo que sucede. Cuando sirves un vaso de agua de tu filtro nuevo, levantas el vaso contra la luz y piensas, 'Perfecto. Agua limpia sin sorpresas extras."

¿Quieres algunas otras ideas?

¿Qué tal cuidados de la piel? Podríamos hablar de cómo los asientos de cuero de nuestros autos muestran los daños por el sol.

¿Qué tal servicios básicos? Podríamos mostrar que pagar tarifas altas es igual a quemar efectivo. O, decir que pagar de más es como dar propina a la compañía de servicios por sus tarifas de por sí elevadas.

¿Qué tal el café? Podríamos describir el mal sentimiento que tenemos cuando esperamos en la fila durante la hora pico en la cafetería.

Mantén tus palabras visuales simples y amigables para los escuchas.

Este es un mal momento para sonar importante y súper inteligente. Queremos que nuestros escuchas vean fácilmente las imágenes dentro de sus mentes.

Nuestro trabajo es comunicarnos tan claramente como sea posible, para que nuestros clientes potenciales vean exactamente lo que vemos en nuestros productos. Aquí hay un ejemplo de una pomposa presentación que grita "Soy muy listo":

"Déjame contarte sobre este único aminoácido encontrado bajo una roca en una colina en China por un equipo de científicos nucleares que se asociaron con unas estrellas de cine. Nuestros científicos, ganadores del Premio Nobel, han patentado una manera única de encapsular este aminoácido en una fórmula de liberación progresiva que no sólo hace que las partes del cuerpo amputadas crezcan de nuevo, sino que también crea la paz mundial."

Todos hemos escuchado presentaciones como esta, ¿no es así? Así que en lugar de estas palabras pomposas y sin sentido, quizá podamos sacar todos nuestros datos técnicos, todos nuestros bonitos folletos, cancelar todas las presentaciones de tres horas... y hacer un mejor trabajo de comunicación al usar unas pocas palabras visuales.

¿Son estas las únicas palabras que podemos usar para introducir palabras visuales?

Por supuesto que no. Hay muchas introducciones que podemos usar, y una talla no le queda a todos. ¿En resumen? Queremos crear una película en la mente de nuestros escuchas.

Aquí tienes otra manera genial de comenzar una historia conteniendo palabras visuales:

Pagué demasiado por mi refrigerador, y me encanta.

¿En alguna ocasión has ido de compras y te sentiste desinformado y dudoso?

Cuando nuestro refrigerador se descompuso, entré a internet para conseguir el mejor precio. Detalles técnicos confusos me dejaron inseguro. Así que, decidí ir al almacén local de electrodomésticos.

El representante de ventas de la tienda percibió mi inseguridad. No activó mi alarma contra vendedores diciendo el usual, "¿En qué puedo ayudarle?"

En vez de eso, me preguntó lo que necesitaba. Le dije: – Nada lujoso. Agua filtrada, máquina de hielos, y eficiencia de energía para ahorrar electricidad.– En lugar de mostrarme el modelo más barato, señaló un refrigerador más costoso. Hizo esto al atrapar mi curiosidad. Dijo: –Déjame mostrarte rápidamente algo que te puede encantar.– Mis defensas contra vendedores estaban arriba, pero mi curiosidad estaba ahí. ¿Qué podría ser?

Su rápida historia de cinco frases me hizo gastar más de lo que tenía planeado. Él dijo: –Digamos que terminas de asar un filete que te hace agua la boca. Cuando te sientas, tu esposa dice, 'Olvidas que tenemos cena con nuestros amigos esta noche.' En lugar de sentirte mal por que tu filete no estará fresco para mañana, haces esto. Colocas tu filete en este cajón de congelado rápido y guardará todo ese jugoso sabor. Sabrá tan fresco como cuando lo sacaste de la parrilla.

¿Cajón de congelado rápido? ¡Lo necesito! No se cómo funcione y rara vez asamos filetes, pero me pude ver a mi mismo usando este beneficio. Así que llegué a casa con un refrigerador que costó 50% más de lo que planeaba gastar. Resulta que hasta el día de hoy, continúo felíz con mi compra. Sólo por que él compartió una rápida historia de unas pocas frases.

¿Tienes una historia rápida que puedas compartir sobre tu producto o servicio que ponga a tu escucha dentro de la historia?

Si hay una opción más costosa que nuestros prospectos podrían amar, podemos usar estas palabras:

"Déjame mostrarte rápidamente algo que te puede encantar."

Buenas palabras para comenzar nuestras palabras visuales. Y casi imposible de rechazar por parte de nuestros compradores.

¿Pero qué tal si quiero usar imágenes reales?

Genial. Todos aman las imágenes. Pero aquí hay un pequeño secreto.

Asegúrate de que tenemos un pie de foto genial.

Este pie de foto es la pequeña impresión debajo de la imagen que describe lo que está ocurriendo. Esto es muy importante. ¿Por qué?

Por que tan pronto como el ojo humano mira la imagen, instantáneamente busca el pie de foto para obtener una explicación sobre lo que está ocurriendo. Esta es la mejor parte para colocar una pequeña frase de venta sobre nuestro producto. Y no olvides hacer interesante la frase.

Aquí hay algunos ejemplos.

Debajo de la fotografía de un cliente sonriente ingresando a una corte, podríamos escribir:

"Harry Miller está ansioso de este día en la corte por que tiene representantes legales ilimitados por 83 centavos al día."

Debajo de la fotografía de una abuela terminando de correr una carrera, podríamos escribir:

"Michael y Michelle Smith no pueden seguir el ritmo de su abuela de 63 años que corre maratones después de agregar nuestras vitaminas a su dieta."

Debajo de la fotografía de una mujer sujetando dos vasos de agua, podríamos decir:

"Mary Jones revisa el agua de su filtro de agua de la cocina. Instaló su filtro cuando el departamento municipal de aguas no pudo decirle qué eran las partículas flotando en su agua de grifo."

Las palabras visuales son grandiosas.

Recordamos historias. Amamos las historias. Y las historias crean películas en nuestras mentes.

Olvídate de mencionar todos los datos y concéntrate en las historias que crearán películas en las mentes de nuestra audiencia.

EL PODER DE LA PRUEBA SOCIAL.

La prueba social hace más fáciles las decisiones de compra. Nuestros clientes potenciales se sienten mejor cuando ven que otros compran y aman los productos.

Incluso si sabemos lo que queremos, todavía tenemos la seguridad de la prueba social. Queremos la seguridad de que no hicimos una estúpida y solitaria decisión.

Cuando niños, buscábamos con ansia la prueba social de los demás. Entramos a la escuela primaria, y todo se trata de encajar.

Miramos lo que todos visten, lo que todos comen, y los juguetes que a todos les gustan. Si es bueno para nuestros compañeros, entonces es bueno para nosotros.

Bienvenido a encajar bien en sociedad.

Chocolate crudo del Caribe.

Después de un viaje al Caribe, mi hija trajo chocolates para sus compañeros de la primaria. Pensó que sería divertido hacer que sus compañeros probaran todos los tipos diferentes. Chocolate obscuro, chocolate con leche, e incluso… chocolate crudo sin endulzar. Esta versión cruda tenía poco sabor y no era muy rico.

Su amiga Catherine fue la primera en probar la versión cruda y sin sabor. ¿Su reacción? Ella dijo: –Sabe bien pero no tiene mucho sabor. ¿Me puedes dar otro pedazo?

Entonces, los siguientes tres amigos probaron la versión cruda y sin sabor. Todos la escupieron: –¡Asco! ¡Esto no es chocolate!

¿Adivina qué? Debido a que los amigos de Catherine detestaron el sabor de la versión cruda e insípida, ¡Catherine decidió que a ella no le tampoco gustaba el sabor!

Prueba social. Catherine quería estar de acuerdo con sus amigos. Las opiniones de otras personas afectan nuestras decisiones.

Los restaurantes conocen sobre la prueba social.

Las noches de viernes o sábado, los clientes abarrotan los estacionamientos del "corredor de restaurantes." Esta popular zona de nuestra ciudad es donde la gente va a encontrar toda la variedad de cocinas y alimentos.

Hace unos pocos años, un nuevo restaurante de cortes abrió en la zona. Remodelaron el interior, levantaron un nuevo anuncio, pavimentaron el estacionamiento y demás.

¿Su primer fin de semana? Había sólo unos pocos autos en el estacionamiento. Los otros restaurantes tenían los estacionamientos repletos.

¿Su segundo fin de semana? El estacionamiento estaba a la mitad de autos. Aún así, parecía extraño que un restaurante nuevo no tuviese una clientela grande.

Para su cuarto fin de semana, el estacionamiento estaba lleno. ¿Qué hizo la diferencia?

Las personas probaron el nuevo restaurante. Le dijeron a sus amigos. Las reseñas en internet comenzaron a acumularse, junto con algunos artículos en línea.

Resultó que nadie quería ser el primero en probar el nuevo restaurante de cortes. No queremos correr riesgos. Queremos que alguien más pruebe las cosas nuevas primero.

Piensa en que tan seguido buscamos reseñas y recomendaciones de restaurantes. Queremos saber lo que todo mundo piensa antes de probar algo nuevo.

¿Sigues escéptico de que la prueba social funciona?

Caso estudio #1: Estamos hambrientos y visitamos la zona de restaurantes en nuestra ciudad. El primer restaurante está vacío. Solamente el personal. No hay clientes.

El segundo restaurante está lleno. Las personas están felices, conversando, y pasándola bien.

¿En cuál restaurante queremos comer? En el segundo, por supuesto. Muchas otras más personas votaron con su billetera a que éste es un mejor restaurante.

Caso estudio #2: Vamos a dar una caminata por las montañas. Descubrimos una nueva especie de arbusto. Como descubridores famosos, el periódico local toma nuestra fotografía al lado del nuevo arbusto. Y el reportero dice: –¡Hey! Este nuevo arbusto tiene unas pequeñas bayas. ¿Quieres ser el primero en probarlas?

Bueno, no tenemos ninguna prueba social, así que decimos: –¡No!– Queremos que otras personas coman esas bayas primero. Queremos ver si sobreviven. Si es así, entonces nosotros comeremos de esas.

Más prueba social.

"¡Somos los #1! ¡Somos los #1!" Todo mundo dice lo mismo sobre sus productos, por que funciona. A los clientes les da seguridad saber que están obteniendo el mejor valor por su dinero. Y esta frase también provee la prueba social que requieren.

Ahora, ¿nuestro producto es #1? Bueno, es #1 para… alguien.

Mi primer viaje a Las Vegas.

A mi llegada al aeropuerto, miré anuncios de cada atracción. ¿Y adivina qué? Todas habían sido votadas #1 por alguien.

"Votado el bufete #1 en Las Vegas."

"Votado #1 por esta revista."

"Votado #1 por este diario."

"Votado #1 por este estudio independiente."

"El mejor en Las Vegas."

"El más popular en Las Vegas."

"El más grande en Las Vegas."

"El mejor show en Las Vegas."

"Las máquinas tragamonedas más fáciles de Las Vegas."

"El mejor golf en Las Vegas."

"El mejor hipnotista en Las Vegas."

Resulta que cada trampa de turistas había ganado un reconocimiento de alguien.

Piensa en pasta dental.

Hay una frase común: "4 de cada 5 dentistas recomiendan…" Instantáneamente pensamos, "Bueno, debe ser una pasta dental muy buena si todos esos dentistas la recomiendan." Eso es prueba social en acción.

Las compañías de pasta dental no pierden su tiempo promoviendo ingredientes, técnicas de manufactura de calidad o tablas de datos. Usaron prueba social. ¡Funcionó!

¿Cuál cirujano plástico?

En Hollywood, la cirugía plástica es común. Pero las personas van con el cirujano plástico con descuentos por que tienen un cupón de $50 de descuento? No.

Quieren prueba social. Quieren usar el cirujano que usan las estrellas de cine.

Cuando otras personas hablan, nosotros escuchamos.

En conversaciones sociales, estamos siempre buscando escuchar sobre algo nuevo o emocionante. Cuando otras personas tienen nuevas experiencias, queremos escuchar sus historias.

Aquí está un ejemplo de cómo una línea aérea que comenzaba hizo las cosas diferentes. Las aerolíneas son aburridas. Comprar el boleto, abordaje, volar, y buscar nuestro equipaje. Pero haciendo diferente la experiencia, esta línea aérea tuvo a las personas hablando de ella.

Y cuando las personas hablan sobre las cosas, la prueba social comienza.

Una pequeña línea aérea que comienza en Texas.

A principios de los 70s una pequeña aerolínea nació en Dallas, Texas. En lugar de tratar de competir con los "chicos grandes" siendo más grande, ellos escogieron ser diferentes para resaltar.

- Las grandes aerolíneas servían buenas comidas. Esta nueva aerolínea era conocida como "sin lujos" y servía sólo maní.

- Las grandes aerolíneas iban a todas partes. Ellos decidieron servir tres ciudades en Texas.

- Las grandes aerolíneas tenían eslogans corporativos blandos. Ellos eligieron eslogans divertidos que eran un poco extraños.

- En lugar de sobrecargos con uniformes clásicos, las sobrecargos tenían la divertida cultura de usar shorts kaki.

- En lugar de asientos designados, cada pasajero entraba al avión y decidía donde quería sentarse.
- En lugar de altos precios, sus tarifas eran bajas. De hecho, sus tarifas eran tan baratas que les llamaban, "Tarifa de Maníes."

Esta línea aérea que comenzaba en Texas era diferente. Era divertido hablar de ellos con amigos. Todos tenían una historia sobre su experiencia.

Las personas hablan. Eso crea aún más prueba social.

Todo lo que esta línea aérea hacía creaba publicidad. ¿Publicidad? Sí, eso es como pagar anuncios, pero gratis.

Por ejemplo, un competidor los demandó en una disputa de marcas. En lugar de gastar dinero en abogados, el gerente de esta aerolínea retó al gerente de la competencia a un duelo de vencidas. El ganador se queda con la marca.

Ahora, ¡eso es noticia!

¿Y qué podemos hacer para resaltar y crear publicidad para nuestros productos?

La prueba social no debería ser el único enfoque de los beneficios de nuestros productos, pero es importante. La prueba social ayuda a remover las dudas que la gente pueda tener sobre hacer su compra inicial.

Comencemos con esta fácil técnica. A las personas les gusta unirse a grupos. Se sienten cómodos en grupos por que saben que otros hicieron la misma decisión de unirse.

Comenzaremos nuestro propio grupo de usuarios de producto, y le daremos al grupo un nombre pegajoso. Debido a que otros ya se han unido a nuestro grupo, las nuevas personas se sentirán seguras en unirse al grupo también.

Ahora, nuestro grupo puede ser formal y reunirse una vez por mes. O puede ser informal, y mantenerse en contacto en redes sociales. No importa. Los grupos son prueba social.

¿Qué tipo de nombre pegajoso le podemos dar a nuestro grupo? Si el nombre es memorable, será fácil correr la voz sobre el grupo. Aquí hay algunos ejemplos para ponernos a pensar creativamente.

- "Los Perdedores del Pueblo." (Grupo de pérdida de peso. La admisión al grupo podría ser un boleto de lotería perdedor.)
- "¡60 son los nuevos 40!" (Grupo de antienvejecimiento.)
- "Fonos Frugales." (Ahorran en sus recibos telefónicos.)
- "Club de Fans del Café Gourmet." (Café, por supuesto.)
- "Retirados en RVs." (Grupo de viajeros.)
- "Club Mayores de 21." (Debes de tener por lo menos 21 kilos de sobrepeso y estar impaciente de unirte.)

¿Tienes la idea? Con un poco de pensamiento, podemos tener un nombre de grupo que construya prueba social. A eso se le llama "marca."

Además, como organizador del grupo, tenemos el respeto de los miembros. Ellos nos escucharán.

ANTES DE PAGAR ANUNCIOS.

La seducción de anunciarnos: pagar dinero y desconocidos aleatorios vendrán con nosotros con su dinero para comprar nuestros productos. Suena bien, pero es arriesgado.

Primero, nuestro anuncio amateur está en competencia directa con anuncios preparados por profesionales. No son buenas probabilidades.

Segundo, podemos gastar dinero en anunciarnos y no conseguir clientes en absoluto.

Tercero, inclusive si nuestro anuncio funcionara, tendríamos que gastar más dinero si queremos más clientes. Cuando el anuncio se detiene, también lo hace el flujo de clientes.

¿Otra manera?

¿Qué sucedería si invertimos nuestro dinero de anuncios de manera diferente? Pensemos cómo podemos obtener más citas y ventas con el mismo presupuesto.

Caso de estudio #1: Facturas de servicios.

Imagina que gastamos $100 en anunciarnos para atraer 10 clientes potenciales. Eso significa que pagamos $10 por la oportunidad de hablar con un extraño sobre facturas de servicios. Auch.

En lugar de eso, podríamos usar esos $10 para sobornar a alguien para que nos escuche. Podríamos decir: –Trae tu última factura de servicios a la cafetería local y te invitamos tu latte favorito.

Tenemos una agradable conversación mientras tomamos café, y nuestro cliente potencial puede ver cómo podemos ahorrarle dinero. Mismo costo. Pero tenemos una audiencia garantizada.

Caso de estudio #2: Productos de dieta.

Imagina que gastamos $100 en anuncios para atraer y conversar con cinco clientes potenciales. Pagamos $20 para hablar sobre nuestros productos con un candidato pasado de peso con lapsos de atención muy cortos.

En lugar de eso, invertimos diferente esos $20. Decimos: –¿Sobrepeso? Asiste a nuestro bufete y come todo lo que puedas el martes en el Restaurante Bufete. Pagaré por tu comida y te mostraré cómo puedes comer Y perder peso con nuestro programa de Dieta de Poder. Reserva tu lugar de inmediato.

Ahora tendremos una audiencia cautiva que nos escuchará durante toda la comida. Con suerte, nuestros escuchas darán dos o tres rondas al bufete. Nos escucharán por más tiempo, ¡y tendrán más peso que perder!

Algunos restaurantes de bufete tienen salones de eventos privados. Si planeamos tener un grupo grande, podríamos tener el salón entero para nuestro grupo.

Caso de estudio #3: Productos naturales de limpieza.

Piensa en los emprendedores que limpian alfombras. Se anuncian para conseguir nuevos clientes. Muchas ocasiones anuncian que limpiarán una habitación gratis para resaltar su genial servicio.

Podríamos ahorrarle a este emprendedor su presupuesto entero de publicidad. ¿Cómo?

Le decimos a nuestros clientes potenciales: –Cuando compras nuestra gama completa de limpiadores naturales, agendaremos la limpieza de la alfombra de una de tus habitaciones totalmente gratis.

El cliente gana. Limpieza gratuita de alfombra en una habitación, y también productos geniales de limpieza. El emprendedor de alfombras gana. Puede mostrar su buen servicio y puede hacer la venta para limpiar el resto de las alfombras en la casa. Además, ahorra todo ese dinero de anuncios.

Nosotros ganamos también. Obtenemos un cliente felíz que seguirá usando nuestro productos naturales de limpieza.

Caso de estudio #4: Fragancias, cuidado para el cutis, y cosméticos.

Piensa en las emprendedoras en cosmetología. Se anuncian para conseguir más negocio. De nuevo, podemos ahorrarles el costo de la publicidad para conseguir nuevos clientes.

Cuando nuestro nuevo cliente compre nuestras fragancias, cuidado para el cutis o cosméticos, podemos entregarles un certificado por un tratamiento especial de nuestra cosmetóloga. Podríamos usar parte de nuestra comisión para recompensarla por su tiempo.

¿Nuestro costo para adquirir estos clientes nuevos? Mucho menos que si nos anunciamos con extraños. Y nuestros nuevos clientes disfrutan una visita gratis a la cosmetóloga y nos recuerdan con agrado.

¿En resumen?

Debemos estar frente a las personas para contarles nuestra historia. Entre más personas escuchen nuestra historia, más ventas haremos.

¿DÓNDE PUEDO ENCONTRAR MÁS CLIENTES CON QUIEN HABLAR?

P: ¿Qué tienen en común un prisionero en Mongolia, un niño de siete años y nuestros competidores?

R: ¡No son nuestros clientes!

Le pedí a un distribuidor que me describiera su cliente ideal. ¿Por qué?

Por que queremos saber cómo piensa nuestro cliente. Queremos vender lo que nuestro cliente quiere. Queremos crear un lazo con nuestro cliente. Y no podemos hacer esto a menos que sepamos quién es nuestro cliente.

Aquí está nuestra conversación:

Big Al: –¿Quiénes son tus clientes?

Distribuidor: –¡Todos!

Big Al: –¿Todos?

Distribuidor: –Sí, todos son clientes para mis fabulosos productos.

Big Al: –Bueno, ¿qué hay de los prisioneros en Mongolia? Ellos son clientes para tus productos?

Distribuidor: –Bueno, no, por supuesto que no. Ellos viven en un país extranjero y todavía no abrimos ese país. Además, no tienen ingresos si son prisioneros en Mongolia. Y no hablan inglés. Caramba, no pueden ni leer nuestro hermoso folleto. No, no creo que los prisioneros en Mongolia son clientes para mis fabulosos productos.

Big Al: –¿Entonces estás diciendo que todos son clientes para tus fabulosos productos excepto los prisioneros mongoles, verdad?

Distribuidor: –Sí. Todos los demás son compradores.

Big Al: –¿Qué tal alguien que sólo tiene siete años de edad? Esa persona es un comprador de tus fabulosos productos?

Distribuidor: –Uh, no, claro que no, por que esa persona tiene sólo siete años. No entienden nuestro fabuloso producto. Además, no tienen dinero a menos que le pidan a sus padres.

Big Al: –Entonces, lo que estás diciendo es que todos son clientes para tus fabulosos productos excepto los prisioneros mongoles y las personas de siete años de edad, ¿correcto?

Distribuidor: –Correcto. Todos los demás son clientes.

Big Al: –Bueno, sólo por curiosidad, ¿qué hay de los competidores que no les gustan tus fabulosos productos? Quieren criticar tus fabulosos productos para que los de ellos quedan quedar mejor parados.

Distribuidor: –Bueno, por supuesto que no. Ellos quieren inundar el mercado con sus inferiores productos. Así que por supuesto que no son clientes para mis fabulosos productos.

Big Al: –Déjame entender bien. Estás diciendo que todos son clientes de tus fabulosos productos excepto los prisioneros mongoles, personas de siete años de edad, y competidores que promueven productos inferiores. ¿Es correcto?

Distribuidor: –Eh, correcto.

Big Al: –Bueno, ¿qué me dices de...

Y así la conversación continuó. Después de mencionar varias otras categorías de personas, el distribuidor finalmente dice:

–Tienes razón. Creo que no todos son clientes para mis fabulosos productos. Sólo algunas personas son buenos clientes para mis fabulosos productos. Necesito identificar a ese grupo.

¿Y qué hay de nuestros fabulosos productos? Si no sabemos quiénes son nuestros clientes, ¿cómo les podremos promover efectivamente nuestros productos?

¿Cómo podemos saber lo que nuestros clientes quieren si no sabemos quiénes son nuestros clientes?

Dirigirnos a un grupo pequeño de candidatos altamente calificados hará que la venta sea fácil. Estas personas querrán convertirse en clientes por que quieren lo que ofrecemos.

Demos un vistazo a algunos ejemplos.

Ashley promueve filtros de aire.

Esto es fácil. Hagamos una lista de prospectos para sus productos.

- Personas con asma.
- Personas con alergia y fiebres.
- Personas que no pueden dormir por la noche debido a sus alergias.
- Personas que trabajan con fumadores.
- Personas con mascotas.
- Personas que cocinan con cebolla y ajo.
- Personas que viven cerca de una avenida congestionada.
- Personas que viven en ciudades con smog.
- Personas que trabajan con personas enfermizas que tosen y estornudan.

Esto es muy fácil. Con un poco de creatividad y pensamiento podemos sacar más, pero veamos otro ejemplo de cómo mercadear a un nicho de clientes potenciales altamente calificados.

Dan vende productos energéticos.

Esto es demasiado fácil. Hagamos una lista de personas que quieren lo que él vende.

- Programadores de computadora que están sentados el día entero.
- Taxistas.

- Personas que trabajan el horario nocturno.
- Empleados de oficina con trabajos aburridos.
- Transportistas.
- Padres con trabajos de tiempo completo.
- Corredores.
- Personas que asisten a clubes de salud.
- Estudiantes universitarios.

Como puedes ver, es mucho más fácil hablar con estas personas. Tienen un gran problema que podemos resolver.

Heather vende productos de dieta.

Las personas con sobrepeso son fáciles de encontrar. De nuevo, es obvio que no todos querrán lo que Heather vende. Así que, ¿dónde podría encontrar a estas personas con sobrepeso?

- Tiendas de rosquillas.
- Tiendas de tallas extras.
- Cerca de la máquina expendedora de golosinas.
- En los clubes de salud, mientras dan pasos lentamente en las caminadoras.
- Restaurantes bufete.
- Personas inmóviles en bandas eléctricas.

Pero espera, ¿qué tal las otras personas que quieren perder peso? Son compradores motivados. Hagamos una lista.

- Novias comprometidas.

- Madres de novias comprometidas. (Sí, quieren lucir bien en las fotografías.)

- Personas delgadas que se ejercitan y quieren permanecer delgadas.

- Personas conscientes de la moda que siempre quieren verse bien.

¿Novias comprometidas? ¿Madres de novias comprometidas? ¿Pueden ser buenos prospectos?

¡Sí! En nuestro libro *51 Maneras y Lugares para Patrocinar Nuevos Distribuidores: Descubre Prospectos Calificados para Tu Negocio de Redes de Mercadeo,* relatamos una historia sobre venderle a novias comprometidas.

◇◇◇◇

Mientras comía en un restaurante mexicano con algunos distribuidores después de un seminario, le pregunté a la mujer sentada frente a mí, qué era lo que vendía. Ella respondió: – Vendo productos de dieta.

Para continuar la conversación, le pregunté: –¿Y cómo te va?

Me dijo: –Estoy tan exhausta. Todos los días estoy entregando cajas y cajas de productos dietéticos a clientes por toda la ciudad. Es muy agotador.

Ahora estoy pensando: –Esto es bastante increíble. Debe de tener un secreto. Tal vez los productos de dieta son una ganga o algo.

Así que le pregunté: –Bueno, ¿y cuánto cuestan esos productos?

Ella dijo: –Bueno, el paquete más barato está en $350 y es un suministro de un mes, pero normalmente vendo los paquetes de $600.

Ahora estoy pensando: –¿$600 el paquete? ¡Podría comprar 300 canastas de estas tostadas por ese dinero! Eso es mucho dinero para un mes de productos dietéticos. ¿Cómo puede vender tantos paquetes tan fácilmente?– Pero mantuve la calma y la compostura.

Luego le pregunté: –Bueno, dime, ¿dónde encuentras a estos prospectos para esos costosos paquetes de $600? Tal vez te pueda dar algún consejo o dos.

Su respuesta resume el por qué es importante saber "¿Quién le vende a mis prospectos?"

Ella dijo: –Asisto a las Expos de novias y hablo con las futuras novias. Cuando les pregunto que si les gustaría perder un poco de peso antes de la boda, instantáneamente dicen 'Sí'. Este es su gran día. No importa que tan anoréxica luzca la futura novia, todas quieren perder un poco de peso antes del día especial.

La boda promedio cuesta entre $20,000 y $50,000 aquí. El paquete de $600 no representa un gasto, apenas es una sugerencia. Así que la futura novia hace un pedido inmediatamente, sin preguntas.

Pero luego, la madre de la novia decide que quiere perder peso también. No quiere lucir gorda en las fotos de la boda por el resto de la eternidad. Ella también me hace un pedido.

Y también lo hace la futura suegra. No quiere ser la obesa de la fiesta.

Y después, las damas de honor. De por sí, lucirán horribles en esos vestidos de colores espantosos que tienen que usar para que la novia luzca radiante. No quieren verse gordas tampoco. Ellas hacen un pedido también.

Así que por la mañana, cargo mi coche con tantos paquetes como es posible y paso todo el día haciendo entregas y conversando con mis nuevas y entusiastas clientas.

◇◇◇◇

No hace falta decirlo, no le di ningún consejo o recomendación. Lo estaba haciendo bastante bien con su mercado altamente dirigido.

Ed vende gas y electricidad con descuentos.

¿Quienes son las personas que quieren ahorrar dinero?

- Personas que compran autos usados aburridos y eficientes.
- Personas que compran en almacenes de descuentos.
- Personas quejumbrosas de los altos impuestos sobre la vivienda.
- Familias jóvenes con presupuestos estirados.
- Personas que compran con cupones.
- Personas de la tercera edad con presupuestos fijos.

- Personas que se sentirían avergonzadas de pagar demasiado, mientras sus vecinos obtienen grandes descuentos.

Janet vende cosméticos y fragancias.

Bueno, vamos a ponernos creativos aquí. ¿Listo para ver la perspectiva completa?

Encontremos clientes potenciales que nos entregarán mucho dinero, sin preguntas.

Janet se aproxima con los hombres. Los aterroriza con esta simple pregunta: "¿Te gusta ir a comprar obsequios?" Los hombres se congelan. Sus pensamientos giran a ese momento de desesperación mientras están parados en medio de una enorme tienda departamental, sabiendo que, sea lo que sea que compren, será el obsequio incorrecto. La mayoría de los hombres tienen problemas al comprar obsequios. Lo aborrecen. No saben qué comprar. Siempre resulta el regalo incorrecto.

Mientras los hombres siguen aturdidos e incapaces de hablar, Janet continúa: –¿Estaría bien si me hiciera cargo por ti?

Alivio instantáneo en el rostro de los hombres. Mentalmente están pensando, "Aquí está mi dinero. Libérame de esta tortura de comprar obsequios."

Janet pregunta: –¿Para quién necesitas comprar los obsequios?

Los hombres pueden decir: –Esposa, novia, compañera de oficina, mamá, hija...

Estas son demasiadas compras incómodas.

Pero Janet hace más preguntas. Ella pregunta: –¿Y cuántas ocasiones por año debes comprar estos obsequios?

–Oh, Navidad, sus cumpleaños, San Valentín, día De las Madres, y... oh cierto, nuestro aniversario también. ¡Cada año tenemos uno! Sólo dime cuánto debería pagar por cada uno.

Muchas ventas instantáneas para Janet. Nunca ha recibido objeciones de precio. Janet no conoce a todas las personas que reciben sus obsequios, pero puede hacer un mejor trabajo de adivinar debido a que conoce sus productos y su mercado. Ella está resolviendo un enorme problema para los hombres.

No termina ahí. Janet obtiene algo de dinero extra al preguntar: –¿Quieres que lo envuelva para regalo?– Los hombres piensan, "¡Sí! No sé cómo envolver regalos. Tendría que comprar cinta de ductería en el almacén de herramientas, ¿y dónde encontraré papel decorativo para obsequios? ¿Hay fábricas de papeleras en la ciudad?" Así que por unos pocos dólares más de ganancia, Janet les resuelve su problema de envoltura de obsequios.

Después Janet pregunta: –¿Quieres que compre una tarjeta para el obsequio? Te puedo mostrar donde firmarla.– Los hombres piensan, "¿Tarjeta? ¿Necesito una tarjeta? Mejor dejo esto en manos de una profesional. ¡Janet puede quedarse con todo mi dinero!"

¡Pero espera! ¡Hay más! Janet dice: –Deberías de comprar una tarjeta de regalo también, para asegurarnos que ella pueda comprar lo que se nos olvide en su canasta de obsequios.– Significa que la receptora estará llamando a Janet para canjear la tarjeta. Una oportunidad para una conversación en personas y más ventas.

Y finalmente, Janet dice: –Y entregaré la canasta de obsequios en tu oficina.

¿Por qué hace entregas a la oficina? Por que uno que otro hombre en la oficina verá la entrega de la canasta y solicitará sus servicios de compradora de obsequios. Qué manera tan genial de conseguir más clientes que se ofrecen para gastar mucho dinero.

El propósito de los negocios es resolver problemas.

¿Qué problemas resuelve Janet?

Primero, alivia el estrés recurrente en la vida de los hombres, comprar obsequios.

Segundo, las mujeres que reciben los obsequios recibirán una canasta que amarán, en lugar de los regalos mal pensados de un hombre.

Tercero, Janet encuentra clientes nuevos fácilmente al preguntarle a los hombres, "¿Te gusta ir a comprar obsequios?"

No todos son prospectos para lo que vendemos. No queremos perder nuestro tiempo y esfuerzos. En lugar de eso, podemos dirigirnos con prospectos calientes que están listos para lo que ofrecemos.

¿Puedo dirigirme a clientes potenciales más calientes?

Sí. Hacemos esto al promover nuestros productos a individuos selectos. Ofertas exclusivas atraen personas altamente calificadas que están ansiosas de comprar.

Piensa en ello de esta manera. ¿Qué oferta luce mejor para alguien que hace dietas?

Oferta #1. Productos de dieta que te ayudan a perder peso.

Oferta #2. Productos de dieta para personas que quieren bajar más de 10 kg.

La segunda oferta suena mejor. Suena más atractiva para personas que tienen más de 10 kilos que perder. Sienten que los productos están diseñados para personas con mucho peso que perder.

¿Las malas noticias? Algunas personas con menos de 10 kilos que perder podrían no estar interesadas.

¿Las buenas noticias? Personas con más de 10 kilos que perder sentirán que nuestros productos de dieta están formulados justo para ellos. Casi no se requieren habilidades de venta.

Aquí hay algunos ejemplos de hacer nuestros productos más exclusivos:

- Sólo propietarios de inmuebles. Planes de servicio a precios especiales para dueños de vivienda.
- Hidratación de cutis para mujeres de más de 55.

- Servicios legales accesibles para dueños de pequeños negocios.
- Limpiadores naturales para personas en la Villa Hometown.
- Antioxidantes para adultos mayores.
- Pasta dental con blanqueador natural para bebedores de café.

Nuestros clientes están en todas partes. Cuando promovemos nuestros productos a un grupo especial, los clientes calificados "levantan sus manos" y quieren comprar lo que ofrecemos.

¿TIENES EXPERIENCIA PERSONAL CON EL PRODUCTO?

¿Podemos vender un producto que no usamos?

Por supuesto que podemos. Hay muchas razones por las que no usemos los productos de nuestra compañía. Algunos ejemplos:

- Vendemos equipo solar, pero no somos dueños de nuestra casa. Solamente estamos rentando. Y no podemos instalar nuestros paneles solares en el condominio de renta.

- Nuestra compañía vende un producto de hormonas masculinas, pero somos mujer.

- Vendemos productos de dieta, pero somos delgados.

La lista podría continuar...

Sin embargo, el mejor escenario es siempre tener experiencias personales con nuestros productos en lo posible.

Está bien, tengo experiencias personales con mis productos. ¿Ahora qué?

Podemos decirle a las personas sobre nuestras experiencias y ellos se pueden identificar con nuestra historia. Ahora, no queremos sonar como un testimonial enlatado de esos infomerciales interminables. Eso nos restaría credibilidad.

Así que vamos a crear una pequeña fórmula de cómo presentamos nuestro testimonio personal sobre nuestro producto. Haremos esta fórmula muy simple.

Paso #1: Describe el problema que teníamos.

Paso #2: Describe cómo nuestros productos resolvieron el problema.

Paso #3: Describe cómo nos sentimos ahora sin el problema.

Aquí hay algunos ejemplos básicos de usar esta fórmula.

Servicios básicos.

"Yo solía buscar las mejores tarifas en electricidad, y me cambiaba de proveedor cada pocos meses. Era mucho trabajo todo el cambio y los formatos, pero buscaba obtener las mejores tarifas promocionales. Y el dinero que ahorraba inicialmente, se cancelaba con todas las tarifas post-promocionales. Hice mucho esfuerzo y no ahorré dinero.

Ahora uso este servicio nuevo. Me garantizan una tarifa baja, sin importar lo que haga la competencia.

El día de hoy me siento mejor sabiendo que siempre estoy recibiendo una tarifa genial y ahorrando dinero."

Productos de dieta.

"Me ejercitaba, comía cosas chistosas, y me mataba de hambre para perder peso. Y tan pronto como detenía esta tortura, el peso regresaba.

Pero cambié lo que tomaba en el desayuno. Usando esta malteada de desayuno y estos suplementos, no me da hambre hasta la comida. Y el peso comenzó a derretirse permanentemente.

Hoy, me siento grandioso. Todos pueden mantener una dieta cuando no están hambrientos."

Cuidado del cutis.

"Odiaba cómo podía escuchar mi piel arrugarse cada vez que iba a dormir. Sabía que mi piel se estaba deshidratando, pero mis cremas no me ayudaban.

Cuando comencé a usar nuestra combinación de suero y humectante, todo cambió. Sellé mi humedad natural en mi interior.

Ahora no me preocupo por que mi piel se deshidrate, y siento que puedo permanecer luciendo joven por mucho, mucho tiempo."

Productos naturales de limpieza.

"Yo solía usar limpiadores genéricos. Sabía que los residuos químicos tóxicos no eran buenos para mi familia. Y los químicos no son buenos para nuestro medio ambiente.

Entonces cambié a nuestros limpiadores naturales y libres de tóxicos. La ropa huele mejor después de lavar.

Ahora me siento genial cuando mis nietos juegan en los pisos, o abren el gabinete del fregador."

Viajes.

"Solía trabajar duro cada semana del año, y esperaba la oportunidad de tomar una vacación real para olvidarme de un año de estrés. Pero pelear por un lugar en la playa o la alberca del hotel hizo que mi familia se quejara. No era lo que necesitaba.

Entonces descubrí que podía tomar unas vacaciones todo incluido en un bonito resort, por menos de lo que pago por mis vacaciones normales. No tuve que pensar. Salté sobre la oportunidad.

Ahora la familia se emociona sobre lo geniales que fueron nuestras vacaciones. Y finalmente pude relajarme como quería."

Café.

"¿Café? ¡Adoro el café! Pero el café no se lleva bien con mi estómago. Si tomo más de una taza al día, me da acidez.

Entonces probé nuestro café saludable. Sin acidez. Puedo beber las tazas que quiera.

Nunca regresaré al café ordinario. Este café sabe genial, y me hace sentir bien."

Vitaminas.

"¿Mis mañanas? Desastrosas. Mi cabeza nunca estaba clara, mi cuerpo estaba dolorido, y siempre sentí que necesitaba dormir más. O sea, ¿no debemos de despertar sintiéndonos descansados en lugar de cansados?

Así que hice el compromiso de tomar estas vitaminas por un mes y ver si hacían una diferencia. Después de cinco días pude sentir un cambio. A los treinta días, estaba convencido.

Ahora me siento como de 16 de nuevo, pero con mejor juicio."

CREA INTERÉS CON UNA TRIVIA.

A las personas les gusta participar en trivias. Pueden probar qué tan listas son. Las preguntas los harán pensar, y ahora nos convertimos en su interés.

Estas trivias pueden ser usadas en ferias comerciales o en redes sociales o en un sitio web para atraer clientes.

Algunos ejemplos:

Si vendemos productos nutricionales, podríamos crear una trivia como esta:

P: ¿Qué comida te mataría más rápido?

A. Papas fritas.

B. Helado de chocolate.

C. Pollo frito.

D. Macarrones con queso.

Ahora, las personas tomando la encuesta querrán saber si están en lo correcto. Comienza una conversación sobre nutrición.

P: ¿Qué producto creará las arrugas más profundas en tu piel?

A. Humectantes base aceite.

B. Barras de jabón.

C. Bloqueador solar.

D. Base.

El suspenso está matando a las personas. Necesitan saber cómo proteger su piel. O podríamos hacer la trivia sobre cuidado del cutis más interactiva. Aquí hay un ejemplo.

1. El peor momento del día para lavar tu cara es ___.

2. ¿Qué tan rápido las cremas humectantes envejecen tu piel? ¿5 años más rápido? ¿10 años más rápido? ¿20 años más rápido?

3. ¿Qué alimentos consumen las personas inteligentes para prevenir las escamas y los parches de piel seca?

4. ¿Qué ejercicios mantendrán tu piel luciendo hasta 15 años más joven?

5. ¿Qué debes de tomar cada mañana antes del desayuno para mantener tu piel suave?

6. Limpia, tonifica, humecta. Estos tres pasos básicos son de los 60s. ¿Cuál es el nuevo régimen científico para una piel más joven?

7. ¿Cuales son los mejores tratamientos sin costo para prevenir las arrugas?

Vaya. Ahora la discusión real sobre cuidado del cutis puede comenzar, y seremos el experto bienvenido.

P. ¿Qué vacación de una semana es la más costosa?

A. Hotel todo incluido en México.

B. Crucero en Hawai.

C. Hotel junto al océano en Florida.

D. Rentar una casa rodante.

Las personas no pueden esperar la sorpresa de conocer la respuesta real.

P. ¿Cuál de los siguientes es peor para una dieta?

A. Jugo de naranja.

B. Barras de dulce.

C. Pan.

D. Helado.

Los participantes de tu trivia no pueden sino decirte sus desgracias de dieta después de esta pregunta. Aquí hay una oportunidad de resolver su problema.

P. ¿Cuál de estos aparatos usa más electricidad?

A. Plancha.

B. Aire acondicionado.

C. Luces de cocina.

D. Televisión.

¿Uno ejemplo más?

P. ¿Cuál es la mejor inversión para ahorrar dinero en tu factura eléctrica?

A. Instalar paneles solares.

B. Agregar aislamientos.

C. Cambiar de compañía.

D. Bajar el termostato 10%.

Una trivia es una manera divertida de atraer más clientes interesados.

¿RECUERDAS ESTO?

Alguien se queja: –¡Tu producto es muy caro!

Si alguien no quiere nuestros productos, esta es una manera amable de decirnos "No."

Si alguien no tiene un problema, deberíamos enfocarnos en encontrar clientes que tengan los problemas que nuestros productos pueden resolver.

Pero si alguien no siente que nuestro producto vale el precio, es una pista para que presentemos mejor nuestro valor.

De cualquier modo, debemos responder. No podemos sentarnos ahí en silencio. Así que aquí hay una respuesta para la objeción, "¡Tu producto es muy caro!" Podemos decir:

"Sí, nuestro producto es caro. Nuestra compañía lo sabe. Querían hacer un producto menos caro, pero no funcionó. Los clientes no obtenían resultados. No queremos tomarle el pelo a las personas."

Tal vez no podemos competir en precio.
Pero podemos competir en servicio.

Si podemos crear un cliente repetitivo, tiene sentido entregar un servicio extraordinario. Por ejemplo, las personas pagarán por la conveniencia. O, quieren hacer negocio con nosotros por que somos el "experto" en quien confían.

Aquí hay algunos ejemplos para ilustrar un servicio extraordinario.

- Si vendemos teléfonos móviles, podemos hacer una cita para entregar el teléfono personalmente. Sentarnos con el nuevo cliente y apoyarlo a programar los números de su agenda. La competencia sólo envía el aparato con un manual de usuario. ¿Ves la diferencia?

- Si vendemos cuidados para el cutis y cosméticos, ofrécete para ir de compras con tu nueva clienta y buscar ropa, accesorios o un cambio de look.

- Si vendemos filtros de aire, negocia un gran descuento en limpieza de ductos para las casas. O incluye una guía que explique los índices de contaminación en la ciudad.

- Si alguien compra la línea completa de limpiadores naturales, agenda a una sirvienta para que haga una limpieza general de la casa.

- Si vendemos servicios legales, contacta un pequeño negocio contable para ayudar al pequeño empresario con sus formularios de impuestos.

- Si vendemos limpiadores saludables, ofrece colocar algunos dispensadores de jabón antibacterial en la casa.

- Si vendemos viajes, tal vez podemos pagar su seguro de viajero cuando reservan el viaje de lujo.

- Si vendemos productos de dieta, podemos incluir un libro con consejos de dieta.

No tenemos que competir con los demás en el precio. En lugar de eso, podemos eliminar a nuestra competencia con nuestro servicio extraordinario. Nuestros clientes nunca nos olvidarán.

Ideas geniales para agregar más ventas.

Si somos creativos, vender puede ser un interminable y muy interesante reto. Hay tantas ideas nuevas y campañas que podemos probar. Si nos gusta probar cosas nuevas, esto será más divertido que un videojuego.

Convierte una postal en un cupón o certificado de regalo.

¿Tenemos clientes que no han comprado en un tiempo? Aquí hay una manera genial de activarlos.

Crea una postal. En lugar de escribir un mensaje, haz que la postal luzca como un cupón o un certificado de regalo.

Podríamos enviar esto por correo a todos nuestros clientes y compradores casuales de una ocasión.

Piensa en la sorpresa cuando un cliente previo reciba una postal física en el correo que luce como un certificado de regalo por $10. Querrán reclamar este certificado, así que nos llamarán para su orden. Ahora tenemos una oportunidad de reactivarlos, y posiblemente vender más productos que resuelvan sus problemas. La mayoría de los clientes anteriores que hagan válido su certificado ordenarán suficientes productos para hacer esto una solución redituable.

Prepárate para estar inundado con llamadas.

El cupón de $1.

La mayoría de los cupones son aburridos. Raras ocasiones motivan a los compradores.

¿Pero qué podría ser más emocionante que recibir un nuevo y crujiente billete de $1?

En lugar de crear un cupón impreso, dale a nuestros clientes un nuevo y crujiente billete de $1 y llámalo tu cupón especial. Aquí hay un ejemplo para productos de dieta.

Al final de nuestra presentación de productos decimos:

–Sr. Cliente, ese es nuestro genial producto para dieta. Y tengo un genial cupón para usted como agradecimiento por recibirme. Aquí está un nuevo y crujiente billete de $1 –su cupón.– Ahora, hay tres maneras que puede usarlo. Primero, usted decide que no quiere perder peso. Entonces decide usar este nuevo y crujiente cupón de $1 para comprar su barra de golosina o recompensa azucarada favorita. Bueno, ganará un poco de peso, pero por lo menos disfrutó usando su cupón, ¿de acuerdo? Segundo, usted decide que no quiere perder peso, pero enmarca este cupón y lo coloca en su pared en alguna esquina. Lucirá bien. Podrá disfrutar viendo este cupón, mientras desea perder peso.Tercero, usted decide que quiere perder peso ahora. Entonces puede usar este cupón para obtener nuestro paquete completo de productos con el descuento de bienvenida –¡que le ahorra casi $23! Entonces, Sr. Cliente, aquí tiene su cupón. Uselo en cualquier manera que desee.

Tendremos la atención completa de nuestro escucha.

Ten sentido del humor.

Un restaurante incrementó sus ventas de vinos con una simple etiqueta adhesiva. En la parte posterior de sus botellas de vino, donde alguien normalmente esperaría una declaración, la etiqueta leía:

"PELIGRO: Continuar el consumo de este producto puede conducir a la sofisticación, consciencia cultural, temas mundiales, sentimiento de juventud y POSIBLE felicidad severa."

Sus clientes se sintieron mucho mejor acerca de beber más vino.

Pero el humor exagerado no sale naturalmente. Así que aquí hay algunas pocas ideas para apoyarnos a pensar creativamente.

#1. Productos para el cutis. "CUIDADO: El uso prolongado de este producto para revertir el envejecimiento puede significar perder la capacidad de ordenar alcohol en restaurantes sin una identificación oficial."

#2. Productos de dieta. "Suspenda su uso si la pérdida de peso se hace muy rápida."

#3. Vitaminas. "Efectos secundarios pueden incluir sentimiento de juventud, energía excesiva, y un deseo de hacer ejercicios."

#4. Facturas de servicios. "Precaución: Presumir con tus vecinos sobre tus gigantes ahorros en el recibo mensual puede despertar celos y riesgo de daño corporal."

#5. Café saludable. "Efectos secundarios incluyen IQ elevado, la habilidad de resolver crucigramas, y el deseo de dominar lenguas extranjeras."

Sonreír hace que las personas se relajen y abran su mente. Genial para las ventas.

Que tus ofertas sean sobre personas – no datos.

¿Por qué? Por que las personas son interesantes, los datos no. Esta es una lección para nosotros cuando presentamos nuestros productos. ¿Quieres más ejemplos?

¿Qué presentación encuentras más interesante y efectiva?

A. "Nuestro paquete de servicios incluidos crea un 5% de descuento adicional por elegir la opción de combinar recibos consolidados."

B. "Déjame contarte sobre la señora de Fairfield y lo que hizo con lo que se ahorró."

Hmmm. No es difícil decidir, ¿o sí? La mayoría de las personas querrán escuchar la historia de la señora de Fairfield.

A. "Nuestro nuevo súper producto tiene 15 miligramos más de ácidos grasos omega que la marca libre de la farmacia de descuentos."

B. "Déjame contarte cómo Michelle perdió dos tallas de cintura al tomar nuestro Súper Producto por sólo tres días."

Está bien, este no es muy difícil tampoco. Queremos saber sobre Michelle.

A. "Un programa famoso de televisión mencionó nuestro Reductor de Acné. Tiene 16 reconocimientos y galardones."

B. "Gracias al cielo que Mary compró nuestro Reductor de Acné para su hija. En lugar de quedarse en casa después de la escuela, ahora se siente mucho mejor al salir en público."

Sí, "B" es más interesante en los tres ejemplos por que "B" es sobre personas. Y disfrutamos las historias sobre otras personas.

Así que la gran lección es fácil. Deberíamos estar hablando sobre personas... y los clientes potenciales escucharán.

Si nuestros clientes potenciales no están escuchando, quizá queramos cambiar lo que estamos diciendo. No culpemos a la audiencia.

¿Tarjetas de presentación?

¡Podemos convertir nuestras tarjetas de presentación en cupones! Haz el reverso de tu tarjeta un cupón que los clientes quieran obtener.

Nuestro cupón puede asegurarnos clientes. ¿Por qué pagar por el precio total con la competencia cuando tienen en sus manos un cupón para nuestros productos?

Recuerda pensar en términos de "notificación."

Es fácil contactar a nuestro mercado caliente de amistades y parientes si miramos a nuestro negocio de esta manera.

Piensa en abrir una tienda de neumáticos. ¿Qué dirías en un mensaje para tus amigos?

"Abrí una tienda de neumáticos en la Calle Principal. Cuando pienses en cambiar de neumáticos, visítanos. Nos dará gusto saludarte."

Sin presión. Sin rechazo. Sólo una notificación.

No todos nuestros amigos necesitan neumáticos el día de hoy. No todos nuestros amigos pueden pasar por la Calle Principal el día de hoy. Así que no lo tomaremos personalmente si ninguno de nuestros amigos no aparece en nuestra tienda el primer día.

Si abrimos una tienda de calzado, no le pediríamos a nuestros amigos que vengan el día de la apertura a comprar zapatos. En lugar de eso, le notificaríamos a nuestras amistades que abrimos nuestra tienda de zapatos. Y, si buscan comprar zapatos en el futuro, podríamos ser su opción.

Es lo mismo con nuestros productos. Dejamos que nuestros amigos se enteren, y ellos pueden dejarnos saber cuando el momento es el correcto para ellos. Recuerda, estamos agregando una opción más a sus vidas.

"Súper Pérdida de Tiempo."

Podemos obtener atención inmediata con este encabezado: "Súper Pérdida de Tiempo." Odiamos perder tiempo. Tenemos cortos periodos de atención. Estas palabras consiguen nuestra atención inmediata.

¿Cómo podemos usar estas palabras para obtener la atención para nuestro negocio?

Podríamos decir:

1. Pérdida de peso súper lenta = Súper pérdida de tiempo.

2. Buscar ofertas de viajes en Internet = Súper pérdida de tiempo.

3. Usar café para energía = Súper pérdida de tiempo.

4. Comprar fragancias caras = Súper pérdida de tiempo.

5. Comer frutas y verduras crudas = Súper pérdida de tiempo.

6. Tomar vitaminas caras = Súper pérdida de tiempo.

7. Probar caras cremas humectantes = Súper pérdida de tiempo.

Referidos.

Muchas personas que conocemos pueden no ser candidatos para nuestros productos. Discutimos todas las razones anteriormente en este libro. Pero, incluso cuando no serán clientes, conocen personas que pueden usar nuestros productos.

El secreto es que debemos pedir referidos. Ahora, las palabras que elegimos pueden hacer una diferencia. Aquí hay dos maneras de pedir.

#1. "¿Conoces a alguien a quien le pueda vender mis productos?" Esto suena egoísta y nuestros escuchas desarrollan amnesia instantánea.

#2. "¿Conoces a alguien que quisiera resolver este problema?" Esto suena más como que nos gusta ayudar a otras personas. Ahora las personas estarán más deseosas de darnos referidos.

¿Algunos ejemplos?

- "¿Conoces a alguien que quiera un descuento extra en su recibo eléctrico?"
- "¿Conoces a alguien que quiera perder peso sin hacer ejercicios pesados?"
- "¿Conoces a alguien que se siente cansado por las mañanas?"
- "¿Conoces a alguien que quiere ahorrar dinero en las vacaciones familiares?"
- "¿Conoces a alguien que quiere librarse de su acné?"

¿Notas cómo todas estas preguntas comunican que estamos resolviendo problemas para las demás personas? Cuando resolvemos problemas, nos volvemos populares.

Pide referidos pronto, antes de presentar.

Aquí está el ejemplo de pedir primero:

"La mayoría de las personas ahorran mucho dinero en sus facturas y aman nuestros servicios. Y quieren asegurarse de que sus amigos y familia no paguen de más. Tu puedes o no querer un descuento en tu recibo de servicios pero, ¿podrías hacerme un favor? Ya sea que decidas ahorrar con nosotros o no, ¿podrías por lo menos decirle a tus amigos cómo ellos podrían ahorrar mucho dinero en sus facturas mensuales?"

Este es un compromiso fácil para los clientes antes de que expliquemos nuestros detalles. No hace falta un cierre. Sin presión. Casi todos dirán "Sí" por que no les estamos pidiendo que compren.

¿Y qué deberíamos decir si nuestro cliente refiere a su tía?

Pregunta, "¿Cuál sería la mejor manera de hablar con ella?"

Permitamos que nuestro cliente decida si quiere que hablemos con sus referidos directamente, o si se siente mejor contactándolos por su cuenta.

Amable y no amenazante.

Y FINALMENTE...

Recuerda:

1. Las personas tienen problemas.

2. Nuestros productos resuelven problemas.

3. Deberíamos sentirnos geniales sobre eso.

Vender debe de ser divertido. Recuerda, sólo estamos agregando una opción más en las vidas de las personas.

Disfruta haciendo ventas en tu negocio.

AGRADECIMIENTO.

Muchas gracias por adquirir este libro sobre las técnicas para aumentar las ventas en tu negocio de redes de mercadeo. Esperamos que hayas encontrado algunas buenas ideas que te sirvan.

Antes de irte, ¿Estaría bien si te pedimos un pequeño favor? ¿Tomarías sólo un minuto para dejar una frase o dos como reseña online de este libro? Tu reseña puede ayudar a otros a elegir el siguiente libro para leer. Será de gran ayuda para muchos otros lectores.

Viajo por el mundo más de 240 días al año. Envíame un correo si quisieras que hiciera un taller "en vivo" en tu área.

→ BigAlSeminars.com ←

POR QUÉ NECESITAS COMENZAR A HACER REDES DE MERCADEO

Cómo Eliminar El Riesgo Y Tener Una Vida Mejor

KEITH SCHREITER

¡OBSEQUIO GRATIS!

¡Descarga ya tu libro gratuito!

Perfecto para nuevos distribuidores. Perfecto para distribuidores actuales que quieren aprender más.

→ BigAlBooks.com/freespanish ←

Otros geniales libros de Big Al están disponibles en:

→ BigAlBooks.com/spanish ←

MÁS LIBROS EN ESPAÑOL

BigAlBooks.com/spanish

Los Cuatro Colores de Las Personalidades para MLM
El Lenguaje Secreto para Redes de Mercadeo

Rompe El Hielo
Cómo Hacer Que Tus Prospectos Rueguen Por una Presentación

¡Cómo Obtener Seguridad, Confianza, Influencia Y Afinidad Al Instante!
13 Maneras De Crear Mentes Abiertas Hablándole A La Mente Subconsciente

Primeras Frases Para Redes De Mercadeo
Cómo Rápidamente Poner A Los Prospectos De Tu Lado

MLM de Big Al la Magia de Patrocinar
Cómo Construir un Equipo de Redes de
Mercadeo Rápidamente

**Cómo Prospectar, Vender Y Construir Tu
Negocio De Redes De Mercadeo Con
Historias**

**Cómo Construir LÍDERES En Redes De
Mercadeo Volumen Uno**
Creación Paso A Paso De Profesionales En MLM

**Cómo Construir Líderes En Redes De
Mercadeo Volumen Dos**
Actividades Y Lecciones Para Líderes de MLM

**Cómo Hacer Seguimiento Con Tus
Prospectos Para Redes De Mercadeo**
Convierte un "Ahora no" En un "¡Ahora
mismo!"

Traducción por
Alejandro González López

Comentario del Traductor

Ha sido un placer para mí traducir este libro para los lectores en español. *"Ventas al por Menor para Redes de Mercadeo,"* hace más simple construir tu negocio. Me ofrecí para traducir este libro ya que los conceptos aquí mostrados han funcionado tan bien para mí, que deseaba compartirlos con otros.

Todas las ideas y consejos de este libro han sido probados por miles de empresarios de redes de mercadeo alrededor del mundo. Conoce y aplica los mejores métodos para localizar y aumentar la cantidad de clientes y ventas para tu producto o servicio.

Así que deja atrás la frustración, el rechazo, el miedo, las dudas y la desesperación. Simplemente usa estos métodos para que tu negocio y el de tu organización se mueva hacia adelante, cada día.

- Alejandro G.

SOBRE LOS AUTORES

Keith Schreiter tiene más de 20 años de experiencia en redes de mercadeo y multinivel. Keith le muestra a los empresarios de redes de mercadeo cómo usar sistemas simples para construir un negocio estable y en expansión.

¿Necesitas más prospectos? ¿Necesitas que tus prospectos se comprometan en lugar de estancarse? ¿Quieres saber cómo enganchar y mantener activo a tu grupo? Si éste es el tipo de habilidades que te gustaría dominar, te encantará su estilo de cómo hacerlo.

Keith imparte conferencias y entrenamientos en Estados Unidos, Canadá y Europa.

Tom "Big Al" Schreiter tiene más de 40 años de experiencia en redes de mercadeo y multinivel. Es el autor de la serie original de libros de entrenamiento "Big Al" a finales de la década de los 70s, continúa dando conferencias en más de 80 países sobre cómo usar las palabras exactas y frases para lograr que los prospectos abran su mente y digan "SI."

Su pasión es la comercialización de ideas, campañas de comercialización y cómo hablar a la mente subconsciente con métodos prácticos y simplificados. Siempre está en busca de casos de estudio de campañas de comercialización exitosas para sacar valiosas y útiles lecciones.

Como autor de numerosos audios de entrenamiento, Tom es un orador favorito en convenciones de varias compañías y eventos regionales.

www.ingramcontent.com/pod-product-compliance
Lightning Source LLC
Chambersburg PA
CBHW071225210326
41597CB00016B/1947